# 「毒殺」で読む日本史

岡村青

現代書館

# 「毒殺」で読む日本史＊目次

プロローグ　5

第一章　日本歴史は毒殺事件で幕開け［古代編］……11

一　ヤマトタケルノミコト、伊吹山の毒蛇に不覚をとるのこと　12
二　神武天皇、大熊の毒気に不覚をとるのこと　21
三　五瀬命《いつせのみこと》、腕に受けた毒矢がもとで落命するのこと　25
四　仁徳天皇の御世、各地で毒蛇が猛威を振るうのこと　29
五　允恭《いんぎょう》天皇の后、毒虫の話に恐れをなすのこと　38
六　崇《す》峻《しゅん》天皇を暗殺した東漢直駒《やまとのあやのあたいこま》毒死するのこと　43
七　仲哀《ちゅうあい》天皇、毒矢によりあえなく急逝のこと　55

第二章　権謀術数渦巻く宮廷政治の陰に毒殺あり［宮廷編］……63

一　奸計にはめられた長屋王毒殺のこと　64
二　内乱・天災・大量毒死におののく聖《しょう》武《む》天皇のこと　70
三　薬子《くすこ》、色欲の果てに服毒死するのこと　77

第三章　諸行無常の下克上の世に毒殺が跋扈《ばっこ》［戦国編］……83

一　小栗判官満重冥界から復活のこと　84

二　足利尊氏《たかうじ》、弟の直義《ただよし》に鴆毒《ちんどく》を盛るのこと　92
三　猛女富子、将軍義稙《よしたね》を毒殺にかけるとのこと　100
四　毒殺と謀略でのし上がった松永久秀のこと　107
五　石田三成、蒲生氏郷《がもううじさと》を密殺するのこと　114


## 第四章　毒殺に塗り込められた徳川幕府二百六十年の歴史［江戸編］……121

一　徳川家康、豊臣家臣毒殺の風説絶えぬのこと　122
二　有馬晴信、貿易の既得権益をめぐって毒殺するのこと　128
三　奸臣田沼意次《おきつぐ》、将軍親子を毒殺のこと　133
四　伊達兵部、幼君亀千代の毒殺を謀るのこと　139
五　食道楽・絶倫親子毒死するのこと　145
六　立身出世の陰に毒殺の怨嗟渦巻くのこと　149
七　藩主争奪戦に毒殺が乱舞するのこと　155
八　加賀百万石に天地鳴動するのこと　162
九　佐竹家後嗣と銀札疑獄で若殿頓死のこと　169
十　お由羅《ゆら》、乱心・呪詛・毒殺を謀るのこと　178
十一　政争の具にされた将軍家定の毒死のこと　186
十二「悪謀の四天王」と目された梅田雲浜《うんぴん》毒殺されるのこと　194

十三　徳川斉昭《なりあき》・慶篤《よしあつ》危うく毒殺のこと　198
十四　文久の毒殺の嵐・大津彦五郎、大橋訥庵《とつあん》らの怪死のこと　204
十五　無残極まるお蓮毒殺のこと　212
十六　哀れ皇女和宮《かずのみや》、夫家茂《いえもち》と兄孝明天皇を毒殺で同時に失うのこと　218
十七　孝明天皇崩御にちらつく岩倉具視毒殺のこと　225

第五章　文明開化も毒殺で幕開け［明治編］……233
一　夜嵐のおきぬ、愛欲の果てに夫を毒牙にかけるのこと　234
二　植木枝盛政敵に毒殺されるのこと　243
三　相馬藩の遺産相続をめぐって旧藩主毒殺されるのこと　247

あとがき　253

装幀・中山銀士

# プロローグ

歴史の転換期には決まって毒殺が躍り出る。しかし　毒ときいただけでオドロオドロし、身の毛もよだつ。それにもかかわらずなにゆえそのような悍《いさ》ましく、まがまがしい毒殺のことを当方に書かせようとするのか――。

率直なところあまり深い意味はない。あえて言えば、近年、動機も目的もいまひとつはっきりしない、それでいて少なからずの犠牲者が出るというじつにショッキングな毒殺事件が相次いでいる、そのことが当方の感性に何かしらの揺さぶりをかけた、ということだ。人を殺め、陥れ、抹殺する、ということはあれ、毒は、およそ人を生かすために使われたためしはない。それは毒の歴史をたどれば明白であろう。

毒ほど有効かつ鋭利な武器もない。ちょっとだけ使用上のタイミングや分量に神経をはらうわずらわしさはあるものの、それにしてさえ拳銃やナイフほどではない。ごくわずかな細工で期待通りの結果を、ほぼ完璧に約束してくれる。ナポレオン暗殺を目論む王政復古主義者のトリスタン・ドゥ・モントロン伯爵は砒素を身近に置いて手放さなかった。聖武《しょうむ》天皇は狼毒《ろうどく》、冶葛《やかつ》といった毒草にことのほか執心し、死後、ほかの宝物とともにこれを正倉院の奥に収めさせている。

毒草が暗殺者や権力者に重宝がられるゆえんはここにある。歴史の転換期、社会的政治的変革期の幕間をのぞくと、毒の魅惑的な香りがたゆとうとして立ちのぼるのを発見する。

毒は、しばしば決定的なヘゲモニーを握ることさえあり、人間以上に華麗かつ颯爽としたドラマを披露してみせる。毒に魅せられたもの、だから数知れない。

ところで毒とはそもそもなんであろう。『新字源』によると、毒とは「もと、意符草（屮）と、音符毒（毒は変わった形。そこなう意→害）とから成り、人に病害を与える草、どくの意を表わす」とある。

『大漢和辞典』では、「毒の本字は『𡴞』であり、屮は草が茂るさまを、毒は士の操行のみだらなるをあらわすことから、草がさかんに茂って人を害するさまを毒という」とあり、さらにもうひとつの説として、「毒は生と毋（さまたげ、止めるの意）の合字で、生をさまたげるものが毒である」と述べている。

ともあれ、毒とはこのように人に害を与え、生命を妨げ、そして時にはその存在さえも脅かしかねない草木根皮を語源にしていることは確かのようだ。

いつのころかは知らない。しかし私たちの祖先は草の根や樹木の皮、あるいは果実を砕いたり刻んだり煮たり焼いたりしながらそのエキスを調合し服用することで、あるものは心身をかぎりなく癒し、安楽の境地へと誘う媚薬を発見し、あるものはこれと対照的に、人間を苦痛と恐怖に落としこめ、ついには死にいたらしめる毒薬と化すことに気がつくのだった。

一本の木や草から抽出したエキスが「毒」と「薬」という、似て非なるものを創造することに古代の人々は目覚めた。しかし皮肉にも、現代に生きる私たちがそうであるように、古代の人々もアクティブなものよりネガティブなもののほうに多く関心を向ける性癖があった。ましてそれがひどく危険で、悍ましくて、まがまがしい、じつにミステリアスなものであればあるほど心動かされ、むしろすすんでその虜になろうとさえするのだった。

毒にはあたかも呪詛のような引力がある。それだけに蠱惑的《こわくてき》でさえある。そして時として人々はこの引力に引き寄せられる。こうなると、それまで着飾っていた礼節、忠誠、正義、謹厳といった礼服をあっさりと脱ぎ捨て、より自分らしい、つまり淫乱で、邪悪な、そして不道徳きわまりない、そんな赤裸々で、インモラルな自分に人々はなりきり、陰謀、奸計《かんけい》、裏切りなど、およそ不純とされていたモラルもやすやすと飛び越えてしまうのだ。

かくして毒は、邪悪なるもの、不正なるもののシンボルになった。したがってひとたび毒に生命を与え、自由な振る舞いを許してしまったならば、毒はたちまち奔放な性格をあらわにし、災禍の元凶となる。すなわち人々のあいだに戦乱や謀反をもたらし、血なまぐさい騒乱の火種を呼び込むということだ。それにもかかわらず人々はこの毒の魔力に手繰り寄せられてしまうため、しばしば手を触れ、息を吹きかけ、その眠りを覚ましてしまう。

とりわけ悪意や憎悪に満ちた野心家の手にかかったときの毒はその凶暴性を大いに発揮し、あたかも従順な下僕のように、あくまでも主人の意図に忠実であろうとさえする。だから毒に力を発揮させたいと思うなら暗殺、謀略、クーデターといった歴史を左右する、時代の局面での用い方をおすすめしたい。毒が毒足り得るのもこのような場面なのだ。

たとえばアジアの西北の小国ペルガモン、アッタロス王朝最後の王アッタロス三世はそうであった。生涯独身であった彼は、妻や子供に代わって毒草の研究に愛情のほとんどを注いだ。そしてその研究の成果を試したのが叔父のアッタロス二世毒殺であった。彼も、多くの王がそうであったように、富と権力に取り憑かれていた。三十代も半ばをすぎてその野心はいよいよ抗しがたいものとなり、ついに叔父を毒殺し、権力の頂点に立ったのだ。

黒海周辺に栄えた古代ポントス王国のミトラダテス六世もそうだった。彼ほど毒物に心酔し、その虜になったものもいない。彼の父は彼が十二歳のときにローマ王朝の手によって暗殺された。父の死後王権は母親に委ねられた。けれど権力を握るやそれまでの貞淑な王妃とはうってかわり、邪魔物を次々と消し、ついには王位継承者たる息子をも毒殺にかけようとするのだった。

母親の罠をくぐり抜けたミトラダテスは逆に、今度は母を捕らえて獄死に追いやる。華麗な宮廷生活の裏にはドス黒い権謀術数が渦巻く。王位につくやミトラダテス六世は暴君へと豹変する。王座にあるものはやがてその王座を狙うものに脅かされる。ミトラダテス六世はそのことを誰よりもよく知っている。なにしろそのようにして母親を殺害し、王位についたのだから。謀反者は不意を突いて現れる。そのためミトラダテス六世は自分の体をわざわざ毒蛇に咬ませ、文字通り自分が実験台となって血清療法を発見するのだった。

虐殺と暗殺を繰り返し、世に暴君と名指しされたものに古代ローマ皇帝のネロがいる。

ネロの母アグリッピナは、ネロを連れてクラウディウス帝と再婚した。そのときすでにアグリッピナはネロを次期王位に就かせる決意だった。しかしそれには嫡男で第一等の王位継承者であるブリタニクスを退ける必要がある。そこでネロは、毒物の扱いに長けた女、ロクスタに意を含め、まず義父のクラウディウス王を毒殺し、さらに嫡男のブリタニクスをも青酸化合物で殺害する。

ネロの企てはさらに自分を陥れようとする母親にまで向ける。刺客を差し向けて殺害する。そのほか彼は側近たちを次々と毒殺し、まさに暗黒の恐怖政治を断行するのであった。

ラスプーチンといえば、一介の農民の子として生まれながら、ロシアの宮廷に深く入り、ロマノフ王家を抱き込んで政治権力をほしいままにするとともに、皇后をはじめ宮廷の女たちをセックスの虜にしていった怪僧だ。

そのようなラスプーチンにはしばしば暗殺の罠が仕掛けられた。けれど毒入りワイン、青酸カリ入りチョコレートやケーキを食べてもいっこうに効果がなかった。そのため彼をして、いよいよ奇怪な人物に押し上げていくのだった。

フランスのナポレオン皇帝も頻繁に暗殺の標的にさらされていた。それだけに彼の死はいまひとつはっきりせず、流刑地のセント・ヘレナ島で、王政復古主義者によって毒殺されたという説は、二十一世紀になった今日もなお消えていない。

我が国においても毒殺の歴史は少なくない。いや、むしろ我が国の歴史は毒殺で幕が開いたとさえいってよい。

たとえば『古事記』の神武東征のなかに登場する五瀬命《いっせのみこと》がそうだ。東征の途上、白肩津《しらかたのつ》にさしかかった五瀬命の前に登美能那賀須泥毘古《とみのながすねびこ》の軍勢が立ちはだかり、一戦を交える。このとき敵が放った矢が五瀬命の腕に命中する。これがもとで彼はやがて絶命する。このとき五瀬命に放たれたのは毒矢であった。

「薬子《くすこ》の乱」では藤原薬子が毒をあおって自害している。毒をもって自害する、いわゆる服毒自殺というものがこの時初めて歴史に登場する事件だが、薬子は兄の仲成《なかなり》と共謀して平城《へいぜい》天皇を擁立した。ところがその平城天皇は病を得て弟の嵯峨《さが》天皇に皇位を譲渡する。これによって形勢が悪くなった薬子兄妹は盛り返しをはかるべく軍事クーデターを画策する。しかし坂上田村麻呂に鎮圧され、兄の仲成は射殺、妹の薬子は服毒自殺とあいなったのだ。

さらに話を戦国時代に移せば、「観応《かんのう》の擾乱《じょうらん》」がある。足利尊氏《たかうじ》は高師直《こうのもろなお》を中心に新しい武家政治を目指した。これに対して弟の足利直義《ただよし》は鎌倉幕府型の体制再建を求めた。兄弟のこの相克はやがて騒乱へと発展し、この戦いに敗れた直義は、兄の尊氏によって毒殺された。邪魔物を抹殺した尊氏はその後、室町幕府をひらき、初代将軍に就いたのは周知の事実。

石田三成による蒲生氏郷《がもううじさと》毒殺もあった。氏郷は会津九十二万石の大大名。秀吉亡きあと、天下取りの野望をめぐらす氏郷を恐れた三成は、直江山城守兼続と共謀して氏郷を茶会に招き、そこで毒酒を飲ませて殺害したというものだ。江戸時代に入ると、八代将軍吉宗による兄たちに対する毒殺、尾張藩主徳川吉通《よしみち》毒殺などがある。次期藩主や将軍たちを次々と葬り、紀州藩主、さらには将軍へと登りつめ、天下の頂点に立った吉宗の背後には毒との関係など、とかくの噂が絶えない。

ことほどさように、人間が毒を利用するのか、それとも毒が人間を狂気にかかえ、翻弄するのか……

いずれにせよ毒とは、人間の深き欲望と相関関係にあることはどうやら確かなようだ。

本書は、そのような欲望と野心に縁取られた歴史の中にあって、毒がいかなるキャスティングを担ったか、ここに、それを繙いてみたいと思う。

# 第一章　日本歴史は毒殺事件で幕開け［古代編］

# 一　ヤマトタケルノミコト、伊吹山の毒蛇に不覚をとるのこと

『日本書紀』によると、ヤマトタケルノミコトが伊吹山に登った動機とはこうであった。

「近江《あふみ》の五十葺山《いぶきやま》に荒ぶる神有《かみあ》ることを聞きたまひて、即ち剣《つるぎ》を解《ぬ》きて宮簀媛《みやすひめ》が家に置きて、徒《たむなで》に行でます。胆吹山《いぶきやま》に至るに、山の神、大蛇《をろち》に化《な》りて道に当《あた》れり」

つまり、伊吹山に登ったヤマトタケルノミコトが、そこでこの山の神の化身である大蛇に遭遇した場面についてもこう記している。

「是《こ》の大蛇《をろち》は、必《ふつく》に荒ぶる神の使《つかひ》ならむ。既に主神《かむざね》を殺すこと得てば、その使者《つかひ》は豈求《あにもと》むるに足《た》らむや」

といって伊吹山の奥深くにどんどん登って行くのであった。

この無謀な行動がやがて自分の命取りになろうなど、むろんこの時のヤマトタケルノミコトにわかろうはずもない。

ヤマトタケルノミコトといえば、古代大和朝廷の英雄として日本史上に長く語り継がれている。ただし、人類の平和と繁栄に貢献したという意味での英雄などではない。むしろ逆だ。豊な文化と秩序

を保ちながら、平和に暮らす人々を蝦夷《えみし》と蔑視し、「まつろわぬ民」と称して弾圧し、朝廷の皇威発揚に容赦ない辣腕を奮ったという意味でのそれだ。

そもそも兄の大唯命《おおうすのみこと》が厠に入った隙を狙って八つ裂きにし、おまけにその死体を簀巻きにして遺棄するということにしてからがそうであるように、ヤマトタケルノミコトの生涯は暗殺と謀略と殺戮の日々であった。彼が立ち去ったあとには死屍累々とし、ついぞ死臭の絶えたためしがない。したがって英雄どころか冷酷非情なテロリスト、謀略家といわざるを得ない。

美女に変装し、西方で熊襲《くまそ》を刺し殺せば東方では蝦夷をことごとく征伐する。さらに、その刀に付着した血糊がまだ乾かぬうちに今度は出雲の豪族を奸計《かんけい》に落としこめて斬り殺す。

ヤマトタケルノミコトは第十二代景行《けいこう》天皇の皇子。だがそれが皇太子のやることかと疑問に思うほど、その行動、その性癖はまさにアウトローそのもの。およそ人道にあらざる行為といわざるを得ない。それぐらいだから末路たるやじつに哀れなものだった。

もっとも、名前からして彼の荒っぽい性格がよく現れている。ヤマトタケルノミコトという名は熊襲の首領川上梟帥《かわかみのたける》が彼に暗殺される際に贈った名であり、それまでのヤマトタケルノミコトはヤマトオグナと名乗っていた。『古事記』では、このうち出雲健《いづもたける》という出雲の豪族を登場させてヤマトタケルノミコトと決闘させるが、タケルという名には猛々しいとか、荒々しいという意味がある。

藤原秀郷《ひでさと》の奇襲攻撃に敗れ、斬殺された平将門、あるいは明智光秀に暗殺された織田信長がそうであったように、ヒーローといわれるものの最期ほど無残なものはない。それはヤマトタケルノミコトとてけっして例外ではなかった。

身はすでに重い病でむしばまれていた。荒涼たる能褒野《のぼの》の草の寝床で気息奄々とし、誰みとるものもなく、孤独な死を待つまでに零落し、そこにはかつての英雄といわれ、縦横無尽に活躍した武将の面影など微塵もない。

さしもの武闘派できこえたヤマトタケルノミコトも、こと臨終を前にすればやはりひとりの人間であったか、父の景行天皇に再会できぬ無念さを嘆き、愚痴をこぼしながら、三十年という短い生涯を伊勢国の能褒野の地で閉じるのだった。

ヤマトタケルノミコトの遺体は能褒野陵に葬られた。現在の三重県亀山市に陵墓はある。総面積一九・三七七平方メートル。高さ六・一メートル余。前方後円墳のそれは別名銚子塚ともいわれている。

ヤマトタケルノミコトを死に至らしめるほどの重い病とは、ならばなんであったか。私たちが気掛かりなのはここだ。記・紀はこのことについて具体的には触れていない。しかし伊吹山の、その山の神の怒りに触れたことが原因していること、間違いない。

東国に蝦夷の征伐途上、焼津にさしかかったとき火攻めに遭う。あるいはまた相模の海では突如暴風が吹き荒れ、彼が乗った船があわや難破という目にも遭うなど生涯に何度か危機に直面した。だが我を忘れ、生命にかかわるほどの危機は伊吹山での事件をおいてほかにない。そしてまた、敵に敗れ、不覚をとったのも伊吹山の大蛇が唯一だった。

ヤマトタケルノミコトを襲った山の神の化身を『古事記』は「白猪《しろゐ》」といい、『日本書紀』は「大蛇《をろち》」といっている。白い猪といい大蛇といい、それは山の神そのものであった。ところがヤマトタケルノミコトはそれに気づかない。いや、気づいていたが、相手を見くびり、侮った。しかもこの時の彼は、王権の象徴ともいうべき草薙の剣を帯びておらず、ただの男にすぎなかった。それにもかかわらず大蛇を跨《また》いでなおそのまま山頂に向かうという無礼きわまる狼藉をしでかしてしまった。

大蛇とは、伊吹山の蛇神であった。蛇神はヤマトタケルノミコトの不敵な行動にたちまち怒り、雲を起こし、雹《ひょう》を降らせ、峰を深い霧で覆い、谷間に烈風を巻き起こす。そのためヤマトタケルノミコトは山中に踏み迷い、同じところを堂々巡りしながらようとして先にすすめずにいた。あわやこれまでか、と覚悟もする。しかしやがて山中から脱出し、危機から逃れることができた。とはいえなおも途方にくれる心は酒に酔ったような、酩酊状態にあり、伊吹山のふもとの泉にさしかかり、それを口にふくむことでようやく幻覚症状から醒めることができるのだった。

のちにその泉は「居醒《いさめ》の泉」と名付けられるが、あたかも気が狂れた夢遊病者のような行動をヤマトタケルノミコトにとらせたのは、大蛇の毒にあてられたからにほかならない。

伊吹山の大蛇は山の神の化身であった。その蛇神が毒を吐いた。しからばその蛇神とはいかなる蛇であったか、ということになる。『日本書紀』では大蛇というだけで、それ以上は述べていない。

『和漢三才図会』の巻四十五竜蛇部に風雨を巻き起こし、毒気をはらむ竜蛇どもを一堂に網羅している。そこで、『和漢三才図会』を片手にヤマトタケルノミコトに毒気をあて、意識を朦朧とさせた大蛇の正体を探ってみたところ、熇尾蛇《ひばかり》の類いに行きついた。この熇尾蛇について『和漢三才図会』は以下のように解説しているので、見ておくのもいいだろう。

「本綱、竹根蛇は薬用に入らず。最も毒なり。喜びて竹木に縁る。竹と色を同じくする。大なるもの長さ四五尺、その尾三、四寸。異点あるものを熇尾蛇と名づく。毒もっとも猛烈なり。これにあたる者は灸すること三五壮なれば、毒すなわち行らず。よって薬を以てこれに傳く。

按ずるに、毒蛇あり。一二尺を過ぎず。色深黄、細点あり。その毒に中る者即日死す。故に俗に呼んで日限《ひばかり》といふ。これすなわち熇尾蛇か。小蛇庭砌にあり。人手づからこれを捕らえて壁の外に棄つ。少時ありて、腕に小孔あり。針痕の如し。血出ること糸線に似て、須臾に面目腫脹発熱す。予を招きて治を乞う。蓋し、これ熇尾蛇の噛む所なり。急に血を止める薬を傳けて、次に女灸一壮して、上に留守陀草の末を傳く。内に敗毒散を用いること二三貼にして平癒す」


滋賀県と岐阜県に跨がる標高一三七七メートルの伊吹山は大蛇だけではなく、毒草の宝庫でもあった。ユリ科の多年草で、根は殺虫剤にも使われるほど毒性があるバイケイソウをはじめ、イブキトリカブト、マムシグサ、ハエドクソウなどの毒草が繁茂している。

ともあれヤマトタケルノミコトは大蛇の毒気にあてられ、それがもとで病がちになり、能褒野の草むらで滅することになっている。

もし、同じ山に入るにしても、この時、ヤマトタケルノミコトに『抱朴子《ほうぼくし》』の巻十七の登渉の心得があったならば、山の神の毒気から身を守ること、あるいは可能であったにちがいない。それというのも、「入山の法を知らねば、山神の祟り、倒木・落石・虎狼・毒虫などのために命を落とす」として、知っておかなければいけない戒めについて同書は次のように述べているからだ。

「山の精には、小児ぐらいの身長、一本脚で足が後ろ向きについているのや、九尺の身長、皮衣を着て笠をかぶったものなどがある。その名をよべば害はしない。時に山鬼が食べ物をねだって離れないことがあるが、白茅、葦の枝をぶつければ死ぬ。

蝮や蛇を避けるには雄黄を身につけるがよい。また日月・朱雀・神亀・青竜・白虎が我が身を守っていると念じて、気息をまわりに吹きかければ蛇は出てこない。かまれた人たちもこの気息を吹きかければなおる」

ついでながら、伊吹山の山の神にまつわる話をもうひとつ挙げておくのもいいだろう。それは藤原不比等の子、藤原武智麻呂《むちまろ》が伊吹山に登る時のことを伝える『藤原家伝』の下巻だ。それはおよそこのようなものだ。

近江の国守になった武智麻呂は、「伊吹山の山頂に登って眺望を楽しみたい」といった。しかし土地の者は、「この山に登ると疾風や雷雨が起こり、雲や霧も発生する。また沢山の蜂が飛び交い、人を刺します」といい、さらにヤマトタケルノミコトがかつて荒ぶる神に殺された逸話をはなし、武智麻呂の行動を制した。

これに対して武智麻呂は、自分は鬼神を侮ったことなど一度もない。そのことを鬼神が知っていれば自分を害するはずもないといって身を清めてから山中に分け入った。すると案の定二匹の蜂が飛来し、武智麻呂めがけて襲いかかる。武智麻呂は袂《たもと》をあげてそれを払い、蜂の襲撃から身をかわした。それを見た供のものが口をそろえ、「武智麻呂公の徳行は山の神にまで及べり。一人たりとも害されるものはない」といって称えたというのだ。

つまり武智麻呂はヤマトタケルノミコトとは違って伊吹山の神を敬い、入山に際しても潔斎沐浴してから登るという信仰心の厚い人柄であった。それゆえに、蜂の毒から身を守ることもできた、ということだ。

かような事情でヤマトタケルノミコトは毒蛇の被害者となり、ついには死に至った。そのタケルノミコト、じつは加害者であったということについては案外知られていない。つまりヤマトタケルノミコトは毒殺の実行犯でもあったということだ。このように言うとおそらく怪訝に思われるに違いない。ヤマトタケルノミコトは剣による暗殺がもっぱらであり、毒を用いて人を殺めたなど『記』・『紀』は一言たりとも述べていないのだから。

それだけにこの事実は意外なところに意外なかたちで隠されていた。ならばその隠された事実とは、そして用いた毒とは何かということになる。それはすなわち『古事記』のヤマトタケルノミコトの出雲《いづ》健《もたける》征伐の条りであり、毒とはそこに登場してくる赤檮《いちい》のことだ。

『古事記』にしたがうと、西方の熊襲を討ち取り、京に帰還する途中ヤマトタケルノミコトは出雲に立ち寄り、この地を支配していた出雲健を騙し討ちにしている。

いかにも親しい友であるかのように契りを交わし、一緒に水浴を楽しむ。けれどここがタケルノミコトのタケルノミコトたらしめるところ。出雲健より先に水浴から上がったタケルノミコトは出雲健の太刀を抜き取るとともに、かねて本物と同様に誂《あつら》えておいた赤檮の木刀と交換する。

出雲健がその木刀を腰に帯びたところですかさずヤマトタケルノミコトは「いざ刀合わせむ」と決闘を挑むわけだが、勝敗は初めから決していただろう。思った通り、木刀の出雲健はヤマトタケルノミコトの奸計にまんまとはまり、その場であえなく斬り殺されてしまう。

出雲の豪族ともあろうものがなんともしまらないはなしだが、しかし斬られただけが出雲健の死因ではなかった。斬られるまえからすでに出雲健は心身のバランスをはなはだ失い、まともな勝負などできようはずもなかった。なぜなら、たっぷりと吸い込んでいた赤檮の毒が全身に廻っていたからだ。

赤檮。すなわちイチイは毒素を含んでいる。タキシンという成分がそうだ。イチイは常緑樹の植物。我が国では北海道や東北地方に自生する。九月ごろに深紅の実をつけ、果肉は甘く、食用に具される。タキシンはこの赤い実の果肉以外の部分に含まれている。

タキシンは英語の毒素「ｔｏｘｉｎ」の語源にもなっている。またイチイはその学名をタクススといい、これはギリシャ語の「ｔａｘｏｘ」、つまり弓を意味するという。

「毒」と「弓」。この二つの特性をもったイチイを武器に利用しない手はない。このことを知っているアイヌの人々はイチイの木で弓を作り、狩猟を行ってきた。

英国のエドワード三世がフランスの国位継承をめぐって英仏間に起こったいわゆる「百年戦争」で英軍は当初破竹の勢いで仏軍を圧倒したが、それはイチイの弓が功を奏したためといわれている。また、イチイの毒で忘れてならないものにシェークスピアの『ハムレット』がある。

デンマークの王子ハムレットは、父のデンマーク王を毒殺したのは叔父のクローディアスであることを知り、さらにクローディアスは自分の母親までも奪い、王位についたことを知ってひどく苦悩する。しかしついには復讐を誓い、それを遂げる。がハムレット自身も毒牙にかかって死ぬという悲劇だが、クローディアスはイチイの毒をデンマーク王の耳にそそいで殺したといわれている。

シェークスピアといえば豊富な薬学知識を作品に取り込んだことでよく知られている。たとえば

『マクベス』では煮えたぎる大釜の中に魔女たちが蛙の指、イモリの眼球、犬の舌、こうもりの羽根、竜のうろこ、蝮の舌、虎のはらわたなどをほうり込み、ぐるぐるかき回しながら毒物を作っている場面を描き、『ヘンリー四世』では、貧相な小男がヒトの形をしたマドレークをもてあそぶ場面が登場する。ヤマトタケルノミコトとて毒物が与える人体への影響がどのようなものであるかぐらい十分に知っていたはずだ。というのもすでに神武天皇が熊の毒気に襲われて我を失ったことや、彼の兄の五《いつ》瀬命《せのみこと》も毒矢がもとで死んでいるからだ。

## 二　神武天皇、大熊の毒気に不覚をとるのこと

ヤマトタケルノミコトが毒蛇ならば、神武天皇は大熊の毒気であった。

『古事記』によると、神武天皇が大熊に襲われたときというのはこうだった。

「熊野村に到りましし時、大熊髪《おほくまほの》かに出で入りてすなはち失せき。ここに神倭伊波礼毘古命、倏忽《には》かに惑《を》えまし、また御軍《みいくさ》も皆惑《を》えし伏《ふ》しき」

この大熊は熊野に住みつく荒ぶる神の眷属《けんぞく》であったらしい。

熊野という地名は〝隅々しい〟、深く隠れたるところ、ともいわれている。つまり辺境の地、マージナルな場所という意味のようだ。実際、熊野はその嶮岨な鈴鹿山脈が牛の背のように連なり、那智滝に代表される雄大な瀑布、紺碧の海、巨石群などなど原始的にして自然な〝オーラ〟が充満する地である。そのため修験道など山岳宗教の聖地ともなり、人々の厚い信仰を集めている。

そのような神聖にして犯すべからざる聖地と知ってか知らずか、兵どもをしたがえ、我がもの顔で神武天皇は揚々と乗り込んで来た。

神武天皇は東方に向かって日向の国から進軍の途上にあった。天下を統一し、政治を治めるには都

を東に移さなければいけない、と兄の五瀬命《いつせのみこと》と約束していたのだ。その兄も進軍の途上、敵の毒矢に撃たれて惜しくも殉死している。神武天皇はそれだけになおさら悲壮な決意をもって天下統一に臨んでいた。

そのような経緯があるなど、むろん大熊にしるはずもない。大熊は、熊野山中に住む神々の眷属としてこの山を汚そうとする者から守ることだ。大軍を率いてズカズカとやってきた神武天皇の無礼な行為は、まさしく神々を汚すに等しい、許されざる行為。みせしめに天罰を与えねばならない。ただし、同じお灸をすえるにしても、怒りをストレートにぶつけるだけではあまり効果はない。むしろじわじわとやったほうがかえって相手にとってダメージは大きい。そこで大熊が考えついたのが、きつーい毒気を一発お見舞いすることだった。

おそらく神武天皇は馬の手綱を引き締めながら、軍団の先頭に立っていたにちがいない。するとそのとき目の前に、巨体をゆすりながらもっそりと大熊が現れた。

「おや?」

と思ったが、そのときはすでに大熊の姿はない。たちまち行方をくらましたのだ。これも大熊の撹乱戦法だったにちがいない。神武天皇は目をしばたかせ、大熊が出現したあたりに視線をこらした。けれど何事もなかったようにあたりは静か。

しかしこのときであった。生あたたかい一陣の風が神武天皇とその兵士たちに向かってサァーっと吹き抜けていったのは。

じつはこれこそが大熊の毒気であったのだ。息を吹きかけたものが風となり、その風に毒気が含まれていたのだ。

「うぅーん……さても奇怪なる気配」

けれどそのときはすでに遅く、はげしい毒気に当てられ、神武天皇はその場に昏倒してしまう。彼に続いて兵士たちもまた、まるで将棋倒しのようにバタバタと倒れ、気を失ってしまう。

気絶した神武天皇を助け、正気に蘇らせてくれたのは高倉下《たかくらじ》（「『先代旧事本紀』天孫本紀」によると饒速日尊《にぎはやひのみこと》の子である天香語山命の別名とある）という人物であった。このとき高倉下は一振りの剣を携え、いかにも無様なかっこうで長々とノビている神武天皇の頭のところにその剣を差し出すのだった。

そこでようやく神武天皇はふたたび息を吹き返し、

「長く寝ねつるかも」

あぁなんと長く寝たものか、とのたまわったというから我が国歴代天皇の始祖の言葉にしてはなんともだらしなく、頼りない台詞ではないか。高倉下が折よく現れたからいいようなものの、もし彼がそこに登場しなかったならどうなっていただろう。ひとり神武天皇だけの問題ではすむまい。天皇家の存在はもとより我が国の歴史そのものを書き替えなければならないということだ。

もっとも、神武天皇の実在には異論も少なくないようだ。『記』・『紀』の伝承によると、神武天皇は日向の国の高千穂の峰に降り立った天孫のニニギノミコトのひ孫で、東征ののち紀元前六六〇年元旦に橿原で即位し、百二十七歳で死去したといわれている。

ところがこの神武天皇伝承は六世紀頃に作られたものではないかといわれ、さらには、神武天皇は

三、四世紀頃の崇神天皇を投影したものではないか、古代大和政権もこのころに成立したのではないかといい、神武天皇を架空の人物と見る説さえあるのだ。

ま、それはそれとして、話を先にすすめよう。大熊が放った毒気とは、ならば一体いかなるものであったか。

けれど残念なことに『古事記』はまたしても毒の名を具体的に触れていない。ただしその熊はただの熊ではない。大型であったうえに神の使者でもあった。してみれば呪術のひとつやふたつは心得ていた、じつに老獪な熊であったことは想像できる。

姿を現すなり大熊は、呪術を弄してキツーイ毒気を一発お見舞いした。それがやがてガス状となってあたりに漂う。さしもの神武天皇もこれにはたまらず、ガス中毒に陥り、不覚にも気を失ってしまう。大熊が放ったのはすなわち放屁だったのだ。

意識が次第に朦朧とし、正体をなくした神武天皇、このとき、おそらく彼の脳裏には不吉な予感があるいはよぎったにちがいない。毒矢に撃ち抜かれたのがもとであえなく命を落とした兄の五瀬命と同じ運命を、さては自分もたどらねばならないのか、と……。

## 三　五瀬命《いつせのみこと》、腕に受けた毒矢がもとで落命するのこと

五瀬命は鸕鶿草葺不合尊《うがやふきあへずのみこと》の嫡男。神倭伊波礼毘古命《かむやまといはれびこのみこと》（神武天皇）の兄であった。

五瀬命の名は『古事記』の神武東征の条りに登場してくる。彼は神武東征の途上、白肩津《しらかたのつ》というから現在の東大阪市日下町の海岸付近で待ち構えていた登美能那賀須泥毘古命《とみのながすねびこのみこと》の軍勢に反撃される。船に矢楯を立て、五瀬命は防戦するものの、登美能毘古が射ち放った矢が五瀬命の腕に命中するのだった。

このとき五瀬命はこう述べた、と『古事記』では記している。

「吾《あ》は日《ひの》神の御子として、日に向ひて戦ふこと良《よ》からず。故、賤《いや》しき奴《やつこ》が痛手《いたで》を負ひぬ。今者《いま》よりは行き廻《めぐ》りて、背《そびら》に日を負ひて撃たむ」

日の神であれば、太陽の方角に向かって矢をつがえることはイコール日の神にそむくも同然。そのため攻撃に躊躇する。だがその間にも敵は容赦なく矢を放ち、むしろかえって敵の矢に腕を打ち抜かれてしまったと五瀬命はくやしがるのだ。

そのため今度は迂回して、自分の背中に太陽を受けて敵を撃つ、と決意するのだが時すでに遅し、

であった。流血は止まらず、血圧が急速に下がっていく。意識が次第に薄れてゆく。そしてついに五瀬命は、「賤しき奴が手を負ひてや死なむ」と、最後に精一杯の雄叫びを発して絶命した、と『古事記』は結んでいる。

五瀬命が白肩津にやってきたのは大和の国に朝廷を開くためであった。彼はかつて高千穂の宮で弟の神倭伊波礼毘古命と協議し、盤石の政権を打ち立て、天下を治めるためには日向の国を出て、東方に新しい都を築くべし、との結論を得ていた。

東征軍を率い、白肩津にやってきた。しかしそこで思わぬ反撃に遭い、進撃が阻まれたうえに深手まで負った。しかもその傷は、このまま討ち死にするかも知れないほどの重傷。五瀬命にとって目的いまだ果たせぬなかでの死はさぞかし無念に堪えなかったにちがいない。しかし考えてみれば、それは五瀬命たち朝廷側の論理。登美能那賀須泥毘古命にすれば彼らの行動とは、自分たちが築き、守ってきた生活、財産、あるいは秩序などを乱そうとする侵略者にほかならず、これを阻止するのはむしろ当然であった。

どうも古代政権は天皇を正とし、地方の豪族を邪とする論理で一貫している。神武東征という言葉にしてからがまずそうだ。移転とか遷都とかいうのではなく、征服、あるいは征伐だ。したがってそこには邪を成敗し、悪を滅するという観念で貫かれている。

五瀬命の行為は、この観念をまるごと行動に移したもの。したがって彼と地方の豪族とのあいだにはしばしば摩擦が起きている。

登美能那賀須泥毘古命が放った矢がグサッと腕に突き刺さり、五瀬命は落命する。さて、ではその矢とはいかなるものかだが、それはおそらくイチイの毒ないしトリカブトの毒を鏃《やじり》に塗り付けた毒矢であったにちがいない。

『古事記』は、むろん毒矢で死んだなどと言ってはいない。けれど鏃にイチイの毒を塗り付け、毒矢とするのは一般的なことであり、むしろ古典的な武器でさえあった。

イチイは果肉を除いた大部分に有毒成分であるタキシンを含んでいる。そのイチイの葉や種を煎じ、そこに残った煎汁をやじりに塗るという寸法だ。

一方、トリカブトもその猛毒さゆえに矢毒として古くから利用されてきた植物。なにしろ人の致死量は二ミリグラム～三ミリグラム。耳かき一杯ほどでたちどころにお陀仏というすぐれものなのだ。

キンポウゲ科の多年草。北半球に多く分布し、我が国では北海道を中心に約三十種ほどが確認されている。花の姿が舞楽の装束に用いるかぶりもの、鳳凰をかたどった鳥兜に似ているところからトリカブトという和名がついたというが、その高貴なネーミングとは裏腹に人の心を惑わす魔性がこの花は潜み持つ。トリカブトの毒はアコニチンというアルカロイドで、毒性は植物全体にあるが、とくに根の部分は毒成分を多く含んでいるという。

トリカブトの毒性を矢毒に利用し、北海道のアイヌやシベリア地方、中国北部の人たちはクマ、シカ、クジラの狩猟などを行っていたことは事実であった。

『毒矢の文化』（石川元助著、紀伊國屋書店）によると、毒矢の使用はすでに旧石器時代に始まり、しかもその使用例は世界のほとんどでみられるという。同書はまた毒矢に使う毒物からみた毒矢にも言及している。つまりアジアの毒矢文化圏はトリカブト毒矢およびイポー毒矢、アフリカの毒矢文化圏はストロファンツス毒矢、南米の毒矢文化圏はクラーレ毒矢というのがそれだ。

アジアの毒矢文化圏ではさらにトリカブトは主として東北アジア海岸、イボーは東南アジア内陸にそれぞれ分布すると述べている。同書のこの例にしたがうと、東北アジアに位置する我が国は、まさしくトリカブト毒矢文化圏に属するわけだが、アイヌの人たちの矢毒の作り方はというと、生乾ししたトリカブトの根部を石の上にのせ、唾液を吐きかけながら根の繊維がなくなるまで突き砕き、粘り気のあるタール状になったところで団子にして矢毒にする、と記している。

トリカブトによる毒殺事件については別のところでまた触れることになろう。

ともあれ、登美能那賀須泥毘古命は官軍に背く土豪。自分たちの領土を奪おうとするものに対しては容赦なく反撃する。たとえ相手が朝廷の高官といえども同じだ。だから五瀬命にも毒矢を放つ。そしてその矢は五瀬命の腕を見事に射止め、ついには死に至らしめた。毒矢といえば、第十四代仲哀《ちゅうあい》天皇の死因も矢毒の疑いが濃厚だ。

仲哀天皇九年の春二月、彼はみるみるうちに衰弱し、生気を失ってそのままあっけなく死去する。ときに五十二歳であったというからまだまだ男盛り。惜しまれる年齢といっていいだろう。

その死因はといえば、「一《ある》に云はく、天皇、親《みづか》ら熊襲を伐《う》ちたまひて、賊《あた》の矢に中《あた》りて崩《かむあが》りましぬ」と『日本書紀』では述べている。

仲哀天皇も熊襲征伐にはことのほか執心し、各地で激戦を繰り広げ、多くの血を流していた。その報いがやがて毒矢となって現れたのだ。因果応報というたとえがあるが、それはこの仲哀天皇のようなものにあるのかも知れない。

## 四　仁徳天皇の御世、各地で毒蛇が猛威を振るうのこと

仁徳天皇といえば、その名のごとく仁政を施したことできこえ、歴代天皇のなかでも高潔で、慈悲深く徳の高い天皇として語り継がれている。

とりわけ『古事記』（下巻）には国民の課税を三年間免除したというエピソードが語られ、仁徳天皇の人間性を如実にしめすものとして二十一世紀の今日においてさえさまざまな場面で引用され、人気が高い。

「ここに天皇、高山《たか》に登りて、四方《よも》の国を見たまひて詔りたまひしく、『国の中に烟《けぶり》発《た》たず。国皆貧窮《まづ》し。故、今より三年《みとせ》に至るまで、悉に人民《たみ》の課《みつぎ》、役《えだち》を除《ゆる》せ。』とのりたまひき。ここをもちて大殿破《や》れ壊《こぼ》れて、悉に雨漏れども、都《かつ》て脩《をさ》め理《つく》ることなく槭をもちてその漏る雨を受けて、漏らざる處に遷り避けましき。後に国の中を見たまへば、国に烟《けぶり》満てり。故、人民《たみ》富めりと為《おも》ほして、今は課《みつぎ》、役《えだち》を科《おほ》せたまひき。ここをもちて百姓《おほみたから》栄えて、役使《えだち》に苦しまざりき。故、その御世を称《たた》へて聖帝《ひじりみかど》の世と謂ふなり」

かくして仁徳天皇に対する人々の評価は日増しに高まり、ついには〝聖帝〟とさえ崇め奉られ、慕

われた。それにもかかわらず、一方では全長四百八十六メートル、高さ三十四メートルにもおよぶ、世界最大級の墓を持つ仁徳天皇でもある。こんなバカでかい墓をつくるには相当莫大な資金、労力、資材が投下されたこと、想像に難くない。そのようなことを考えればどこまで聖帝であったか、とも思う。

ともあれ、そうした誉れ高き仁徳天皇でありながら彼もやはり人間。こと異性との恋愛問題となると地位も名誉もかなぐり捨て、男の本性を剝き出しにする。

仁徳天皇四十年春二月のこと。天皇は雌鳥皇女《めとりのひめみこ》に懸想しさっそく側室に迎えたいといって弟君の隼別皇子《はやぶさわけのみこ》に仲介を依頼する。

仁徳天皇には磐之姫《いわのひめ》というれっきとした皇后がいる。しかもその皇后が反対しているにもかかわらず皇后が紀州熊野に詣でた留守を見計らい、かねて執心していた八田皇女《やたのひめみこ》を后に迎え入れていた。そのため磐之姫はたちまち嫉妬に狂い、身悶えしながら天皇の三十五年の夏六月《みなづき》、ついに筒城《つつき》の宮中で悶絶する。そのような前歴がありながら、性懲りもなく、今また后を迎えたいと隼別皇子にむかって駄々をこねているのだから、どこまでドンファンな男であったか。

仁徳天皇のこの依頼に隼別皇子はいささか困惑し、なかば呆れたにちがいない。雌鳥皇女といえば八田姫の妹。このまま宮中に召し出せば姉妹そろって仁徳天皇のお手付きになるからだ。そこで隼別皇子は一計を案じた。兄の依頼を引き受けると見せて雌鳥皇女と手に手を取り合い、伊勢の蔣代野《こもしろのの》へと駆け落ちするのだった。自分が惚れた女を弟に横取りされる。これほどの屈辱があろうか。これでは男としての面子がたたないのみならず、天皇としての権威も保てない。仁徳天皇は播磨佐伯直《はりまのさへきのあたい》阿俄能《あがのこ》湖らの刺客を送り、二人を切り捨てるのだった。

深い慈悲と慎みをもち、人々に聖帝とまでいわしめ、誉れも高き仁徳天皇。だがその実像はといえば女性に対してはまったくだらしなく、スキャンダルはついぞ絶えたためしがない。天皇といえどもどうやら〝下半身は別人格〟ということらしい。

女性をめぐっての〝お家騒動〟など下々の目にはドラ息子どもの痴話喧嘩。いい気なものとしか映らない。吉備国の川嶋河沿いに住む人々はとくにそうであったにちがいない。なぜなら、川を氾濫させ、そのうえ猛毒をあたりに撒き散らす大蛇のために流域の住民や旅人がバタバタと死に瀕し、苦しめられ、恐怖のどん底に突き落とされていたからだ。

「是歳《ことし》」と『日本書紀』はいうから、仁徳天皇六十七年のことであったろう。

「吉備中国《きびのみちのなかのくに》の川嶋河《かはしまがは》の派《かはまた》に、大虬《みつち》有りて人を苦《くるし》びしむ。時に路人《みちゆくひと》、其の処に触れて行《ゆ》けば、必ず其の毒《あしきいき》を被《かうぶ》りて、多《さは》に死亡《し》ぬ。是《ここ》に、笠臣《かさのおみ》の祖《おや》県守《あがたもり》、為人《ひととなり》勇悍《いさを》しくして強力《つよ》し。派淵《ふち》に臨みて、三《みつ》の全瓠《おふしひさこ》を以て水に投《なげい》れて曰はく、『汝《いまし》屢《しばしば》毒《あしきいき》を吐きて、路人《みちゆくひと》を苦《くるし》びしむ。余《われ》、汝虬《いましみつち》を殺さむ。汝、是《こ》の瓠《ひさこ》を沈めば、余《われ》避《さ》らむ。沈むこと能《あた》はずは、仍《すなは》ち汝《いまし》が身を斬《ころ》さむ』といふ。時に水虬《みつち》、鹿《か》に化《な》りて、瓠《ひさこ》を引き入る。瓠沈まず。即ち剣《つるぎ》を挙げて水に入りて虬《みつち》を斬る。更に虬の党類《ともがら》を求む。乃《すなは》ち諸《もろもろ》の虬の族《やから》、淵の底の岫穴《かふや》に満《いは》めり。悉《ことごとく》に斬る。河の水血《ち》に変《かへ》りぬ。故《かれ》、其《そ》の水を号《なづ》けて、県守淵《あがたもりのふち》と曰ふ。此《こ》の時に当りて、妖気《わざはひ》稍《やうやく》に動きて、叛《そむ》く者一二《ひとりふたり》、始めて起る。是《ここ》に、天皇《すめらみこと》、夙《つと》に興《お》き夜《おそ》く寐《い》ねまして、賦《みつき》を軽《かろ》くし斂《おさめもの》を薄くして、民萌《おけみたから》を寛《ゆるやか》にし、徳《いきほひ》を布き恵《うつくしび》を施して、困窮《くるしくたしなき》を振《すく》ふ。死を弔《とぶら》ひ疾《やむもの》を問ひて、孤孀《やもをやもめ》を養ひたまふ。是を以て、政令《まつりごと》流行《しきなが》れて、天下《あめのした》大《おほ》きに平《たひらか》なり。
二十余年《はたとせあまり》ありて事無し」

この吉備国の毒蛇事件よりさかのぼること十二年前、つまり仁徳天皇五十五年、じつはこの年にも毒蛇が出現し、多数の蝦夷が死亡するという事件が起きていた。

『日本書紀』によると、その事件とはこのようなものだった。

「五十五年に、蝦夷《えみし》、叛《そむ》けり。田道《たぢ》を遣して撃たしむ。則ち蝦夷の為に敗られて、伊峙水門《いしのみと》に死《みう》せぬ。時に従者《つかひびと》有りて、田道の手纏《たまき》を取り得て、其《そ》の妻《め》に与ふ。乃《すなは》ち手纏を抱《いだ》きて縊《わな》き死ぬ。時人《ときのひと》、聞きて流涕《かなし》ぶ。是《こ》の後《のち》に、蝦夷、亦《また》襲ひて人民《おほみたから》を略《かす》む。因りて、田道が墓を掘る。則ち大蛇《おろち》有りて、目を発瞋《いから》して墓より出《い》でて咋《く》ふ。蝦夷、悉《ことごとく》に蛇《おろち》の毒《あしきいき》を被《かうぶ》りて、多《さは》に死亡《し》ぬ。唯一二人《ただひとりふたり》免《まぬか》るること得つらくのみ。故《かれ》、時人《ときのひと》の云はく、『田道、既に亡《し》にたりと雖《いへど》も、遂に讎《あた》を報ゆ。何ぞ死にたる人の知無《さとりな》からむや』といふ」

田道命《たぢのみこと》は崇神《すじん》天皇からかぞえて五代目の皇子大荒田別命の次男にあたる。嫡男は竹葉瀬命《たかはせのみこと》といい、仁徳天皇五十三年夏五月、朝貢を怠った新羅国に派遣され、その無礼を責めてくる。二年後の五十五年、今度は弟の田道命が蝦夷討伐に駆り出される。

惚れた女を奪ったの奪われたのとはしゃいでいる宮中とは裏腹に、日本列島の北と南では何やら怪しげな大蛇が出現し、その猛毒におかされて人々が犠牲になっているという奇怪な事件が相次いでいるのだった。わけても東北の場合は、田道命とも関連しているため、仁徳天皇にとって他人事ではすまないはず。

蝦夷征伐の総大将にはなみなみならぬ自信と誇りをもって、仁徳天皇自らが人選にあたった。それがつまり田道命であった。勇猛果敢な若武者と見て取ったからだ。しかしそれにもかかわらず官軍は蝦夷の逆襲にしばしば立ち往生し、田道命もあえなく討ち死にするという、じつに惨憺たる結果に終わった。さきに引用した『日本書紀』の話はこの後にはじまるのだった。

敗走しながら都に逃げ戻った兵たちは田道命が戦死するまでの経緯を仁徳天皇に伝え、さらに形見の手纏を田道命の妻に与える。妻は、夫を慕うあまり、その手纏きを抱き、自害して果てる。

官軍の総大将を討ち取ったということで蝦夷の気勢はいよいよ上がった。そしてこれに呼応するかのように他の蝦夷たちも続々と蜂起し、官軍を大いに悩ますのだ。いや、そればかりか、田道命を葬る墓地までも掘り返し、中を暴こうとさえするのだった。

しかしこのとき墓の中から突如として大蛇が現れ、たちまち蝦夷らはその場に昏倒する。目は、怒りに満ちてらんらんとし、口から吐き出す息には毒気がはらんでいたと『日本書紀』はいうのだ。

そのことを知った村人たちは、その大蛇は田道命の化身。田道命の肉体は朽ちようとも霊魂は滅せず、と口々に語るのだった。

田道命が討ち死にした場所について『日本書紀』は「伊峙水門《いしのみと》」と述べている。そのため現在の千葉県夷隅《いすみ》郡ないし秋田県鹿角《かづの》郡ではないかといわれている。ところが第三の候補地として青森県南津軽郡も挙がっている。

青森県南津軽郡尾上町字猿賀《さるが》の「猿賀神社」の主神として田道命は鎮座するというのだから話はややこしくなる。

ならばなにゆえ田道命が猿賀神社の主神におさまっているか、という疑問がここにわく。これについて『猿賀神社・御由緒』はこのように述べている。

「人皇第二十九代欽明天皇二十八年（五六七）に大洪水あり。このとき、田道命の神霊、白馬にまたがり、漂木を船として流れにしたがい、当地に移遷し給う。当地住民神霊を迎え奉って古木（鍋木）の洞窟に祀る」

田道命が、このときどこから流れてきたかというと秋田県鹿角郡猿賀野からであった、と同神社の由緒にある。また同神社には田道命にまつわる、このような伝説も残る。

「桓武天皇の御代にふたたび暴夷を平定することになり、坂上田村麻呂将軍が兵をすすめ苦戦となった際、田道命の霊感を受けて大勝利を得た。よって将軍は延暦十二年（七九三）八月二十三日現在の地に祠を祀り、その趣を天皇に奏上した処、勅命により、大同二年（八〇七）八月十五日社殿を造営。奥州猿賀山深砂大権現として勧請し、神威天長、国家安穏、黎民豊楽、悪鬼退散を祈願した」

坂上田村麻呂といえば延暦十六年（七九七）我が国初の征夷大将軍となった人物。その彼が名実ともに蝦夷討伐のヘゲモニーをとり、出陣したのは延暦二十年（八〇一）だったから、猿賀神社の伝説と若干辻褄が合わない。とはいえ、ここでの目的は史実を云々することではない。大蛇が吐いたという毒だ。

またしても毒蛇が登場している。しかもやはり神の化身となって。またしてもといったのは、ヤマトタケルノミコトが伊吹山で正体を失ったのも、大蛇の毒にあてられたからだ。吉備の川嶋河の支流に出現した毒蛇は「大虬《みつち》」だったという。してみると、大虬とは「虬竜《きゅうりゅう》」かあるいは「蛟竜《みつち》」のたぐいであったにちがいない。「虬竜」について『和漢三才図会』ではこのように説明している。

「本綱、虬は乃ち蛟ぞくのは角有る者なり。大字集略に云ふ、虬は乃ち竜の角有りて、青色なり」

「蛟竜」についてはこうだ。

「本綱、蛟は乃ち竜の属なり。其の眉交生する故、之れを蛟と謂ふ。長さ丈余、蛇に似て鱗有り。四足形広く楯の如し。小さき頭、細き頚。白き嬰有り。胸の前赭色、背の上青斑、脇の辺錦の若く、尾に肉の環有り。大なるは数囲、其の卵また大なり。能く魚を率いて飛ぶ。魚鼈を得て免るべし。山海経に云ふ、池の魚三千六百に満つれば則ち蛟来たりて之れが長となる。五雑俎に云ふ、閩中不時に暴雨山水驟《には》かに発り、室廬を漂没す。土人之れを出蛟と謂ふ。理或は之れ有らん。大凡蛟蜃山穴の中に蔵ること、歳久しければ必ず風雨を挟み、以て出づ。或は竜となり、或は海に入る、白蛟、漢の昭帝鉤して白蛟を得たり。蛇の若く、鱗甲無く、頭に軟らかなる角有り、牙唇の外に出づ。鮓に作りて食ふうに甚だ美なり。骨青くして肉紫なり」

蛟には角があり、全身青色をおびているという。この姿から私たちは竜を想像するだろう。古来より竜神信仰、蛇神信仰は盛んだ。しかしだいたいは土蜘蛛、国巣《くず》などと同様に、荒ぶる神々の化身、または「まつろわぬ民」の象徴として登場する。たとえば『日本書紀』の崇神《すじん》天皇十年九月では、大《おお》物主《ものぬし》大神が蛇の化身であることを記している。

すなわち、大物主大神の妻となった倭迹迹日百襲姫命《やまとととびももそひめのみこと》は、夜だけたずねてきて昼間は見えない夫を怪訝に思い、「しばしここに留まり、その麗しい姿を見せてたもれや」とねだる。これに主神も同意し、「その要求はもっとも。しからば明日の朝、おまえは櫛笥を見るがよい。そこに私の姿があろう。ただしそれを見て驚くではないぞ」と答える。

約束通り姫は櫛笥を見た。するとそこには一匹の小さな蛇がいたというのだ。その後この小蛇は大和国の三輪山に飛んで行く。

三輪山のこの蛇はその後すくすくと成長し、雄略天皇七年秋七月になると大蛇になっており、その姿をぜひ見たいものだと雄略天皇にいわせるまでになる。

大物主大神は荒ぶる神であった。そして同時に、朝廷に楯突く「まつろわぬ民」の守護神でもあった。『古事記』中巻、崇神天皇の夢枕に大物主大神が現れ、次のように諭す条りがそれを示している。

「こは我が御心ぞ。故、意富多多泥古《おほたたねこ》をもちて、我が御前《みまへ》祭らしめたまはば、神の気《け》起こらず、国安らかに平らぎなむ」

これは、このころ全国各地で疫病が流行し、人々が多数死ぬという社会不安に陥っていた。この疫病は神を粗末にした報い。そのため神を敬い、尊ぶならば神のたたりは鎮まり、疫病は消滅し、国は元通り平穏な状態にもどる、と大物主神はいうのだ。

「まつろわぬ民」の象徴といえば「夜刀《やつ》の神」も忘れてはいけない。『常陸国風土記』の行方郡にそれは登場する。箭括《やはず》の氏の麻多智という朝廷の役人が新田開発をしようとした。ところが「夜刀の神」は他の仲間を率いてこれを左右から妨害する。このとき、「夜刀の神」の姿は、「俗にいはく、蛇を謂ひて夜刀の神と為す。其の形は、蛇の身にして頭に角有り」というのだ。しかもその「夜刀の神」の姿を見たものの家は没落し、子孫も絶えるというのだ。

仁徳天皇の時代に出現した奥州地方の大蛇と吉備国の大蛇。前者は蝦夷に討たれた官軍の、田道命の化身。後者は官軍を敵とし、仇とする、「まつろわぬ民」の化身。現れ方もちがえば立場も異なる。しかし世の政に怒り、人倫にもとる行為には容赦なく天誅を下す、ということにおいて両者は共通している。ともあれ、「毒」という言葉が文字となって我が国の歴史上に登場するのは、この仁徳天皇の時代になってはじめてのようだ。

# 五　允恭《いんぎょう》天皇の后、毒虫の話に恐れをなすのこと

かつて当方は一九九〇年四月と八月の二度にわたってアフガニスタンに渡った。アフガニスタンに軍事介入していたソ連軍（当時）が撤退したことによって、時のナジブラ政権とアフガニスタンの反政府ゲリラ組織との内戦はいよいよ混迷の度を深めて激化するという、ちょうどその頃だった。

当方は、両軍による激しい戦闘が続くなかをアフガンゲリラのジープに便乗し、彼らの最前線基地までいったものだ。

前線基地は山岳地帯の尾根に沿って構築されていた。樹木などほとんど皆無。まさに典型的な岩山。そのため身を隠すとしたら岩陰しかない。空気は乾燥している。そのせいか夏場は摂氏四〇度にも達する。だが、日没と同時に急速に気温が下がる。日中と夜間との温度差がはげしいということだが、夜などは冷え込みが厳しく、毛布なしではとても眠れない。

時折ゲリラはロケット弾を発射する。さらには、基地の周辺には地雷も仕掛けてある。「道以外のところは歩くな。地雷があるぞ」、と忠告も受けた。けれど当方が本気で恐れたのはロケット弾の炸裂音でもなければ地雷でもない。じつはサソリであった。サソリは夜の就寝中に夜具にしのびこみ、

人を襲うときいていたからだ。

銃弾や砲弾なら岩陰に隠れればまだ防ぎようがある。けれどサソリは夜間、しかもぐっすりと熟睡しているときを襲うというから、ほとんど無防備だ。そこを狙われたときにはひとたまりもないだろう。

戦場にきていながら恐れているのは敵の砲弾よりサソリの毒……この落差に当方は妙な気分になったことを今もはっきりと覚えている。

サソリは日本には棲息しない。主として熱帯地方に住む。サソリのベノーム（毒液）は後腹部の、細く尾状になった毒袋で製造され、尾の先端部にある毒針から発射される。その毒は酸性反応をしめし、水に溶けやすいタンパク性物質をもつという。

我が国に住む毒虫の代表格といえばムカデであろう。頭部に一対の触覚と大きな顎をもち、その大顎からベノームを吐き出す。毒は酸性で、乳白色をなしている。この毒にあてられると局所に発赤症状が現れ、たちまち腫れあがる。じつは当方、このムカデの毒にあてられた経験をもつ。ちょうど六月の入梅時期であった。庭の雑草とりをやろうと思い立って軍手をはめたところ、チカッと刺されたのだ。いそぎ軍手をはずして中をみるとなんと、その軍手のなかにムカデが隠れていたではなかったか。驚くと同時に急ぎ医者のところに駆け込み、血清注射を打ってことなきを得たが、手の甲はゴムまりのように腫れ上がってしまったのを忘れない。

では、允恭《いんぎょう》天皇の后である忍坂大中姫命《おしさかのおおなかつひめのみこと》が恐れた毒虫とはいったいいかなる虫であったろうか。

毒虫は、忍坂大中姫命が、ある男と交わした会話のなかに出てくる。その会話を『日本書紀』から見るとこうだ。

「初《はじ》め皇后、母《いろは》に随ひたまひて家に在《ま》しますときに、独苑《ひとりその》の中《うち》に遊びたまふ。時に闘鶏国《つげのくにの》造《みやつこ》、傍《ほとり》の径より行《あり》く。馬に乗りて籬《まがき》に莅《のぞ》みて、皇后に謂《かた》りて、嘲《あざけ》り曰はく、『能《よ》く薗《その》を作るや、汝《なびと》』といふ。汝、此《これ》をば那鼻苔《なびと》と云ふ。且《また》曰はく、『圧乞《いで》、戸母《とじ》、其の蘭《あららぎ》一茎《ひともと》』といふ。圧乞《いで》、此をば異提《いで》と云ふ。戸母、此をば覩自《とじ》と云ふ。皇后、則ち一根《ひともと》の蘭《あららぎ》を採りて、馬に乗れる者《ひと》に与ふ。因《よ》りて、問ひて曰《のたま》はく、『何に用《せ》むとか蘭《あららぎ》を求むるや』とのたまふ。馬に乗れる者《ひと》、対《こた》へて曰はく、『山に行《ゆ》かむときに、蠛《まぐなき》撥《はら》はむ』といふ。蠛、此をば摩愚那岐《まぐなき》と云ふ」

皇后がまだ独身時代、ひとりで花園に遊んでいたところに馬にまたがった男がやってきてさかんに皇后を冷やかす。そのうえさらにノビルを所望するという厚かましさだった。皇后はそこでノビルをひとつかみ差し上げ、何のために使うのかと問う。すると男は山に行ったとき、体にたかって血を吸う毒虫を追い払うために使うと答えるのだった。

蠛《まぐなき》とは体長が二ミリほどで、二枚の羽根をもち、黄褐色のからだに黒い斑点がある。ヌカカのたぐいという。主に草のしげみに棲息し、人の目のまわりをチラチラと飛び回る虫とのこと。

まったく小さな虫であり、刺されたところでおそらく生命にかかわるほどのことはあるまい。ま、蚊に刺されたぐらいのものと思っていいだろう。とはいえ毒虫であることにはかわりない。こうした毒虫や毒性植物の危険性から身を守ろうという意味もあったかもしれない。忍坂大中姫命の夫である第十九代允恭天皇が病気平癒のために医師を新羅から招聘《しょうへい》したというのは。

医師の名は、金波鎮漢紀武《こんはちんかんきむ》といった。このことについては『古事記』に詳しいのでみておくのもいいだろう。

「天皇初め天津日継《あまつひつぎ》知らしめさむとせし時、天皇辞《いな》びて詔りたまひしく、『我《われ》は一つの長き病《やまひ》あり。日継知らしめすこと得じ。』とのりたまひき。然れども大后を始めて、諸《もろもろ》の卿等《まへつぎみたち》、堅く奏《まを》すによりて、すなはち天の下治らしめしき。この時、新良《しらぎ》の国王《ここきし》、御調八十一艘《みつぎやそまりひとふね》を貢進《たてまつ》りき。ここに御調の大使《おほきつかひ》、名は金波鎮漢紀武《こむはちむかむきむ》と云ふ、この人深く薬方《くすりのみち》を知れり。故、帝皇《すめらみこと》の御病を治め差《い》やしき」

薬方とは、薬剤の処方に深く通じているというから医師と理解してよい。皇位継承にあたって病弱を理由に允恭天皇はそれを一旦は辞退した。ところが高官たちのたっての要請に彼は結局これを受諾する。

薬方の金波鎮漢紀武による処方が功を奏し、允恭天皇の病もやがて快癒する。まずはめでたしめでたしだが、金波鎮漢紀武が允恭天皇の薬剤を処方したこのことが、我が国の医療行為の始めであったかも知れない。

ただしこの頃はまだ医療に対する人々の認識はさほどに深くはなかったようだ。したがって医学に対する関心が本格化するには推古天皇の時代まで待たなければならなかった。

推古天皇は遣隋使、あるいは遣唐使として小野妹子をはじめ多くの学僧、留学生を送り出し、中国の文化、政治などを学ばせていた。したがってそのなかには恵日《えにち》のように医学を研究するものもいた。恵日は高麗人で、日本に帰化した徳来という人物の子孫であり、代々医師の家柄であった。

推古天皇は単に医学を奨励するだけにとどまらなかった。自分から率先して薬草研究に乗り出してもいたのだ。『日本書紀』にはこのように書かれている。

「十九年の夏五月《さつき》の五日《いつかのひ》に、菟田野《うだのの》に薬猟《くすりがり》す」

翌二十年（六一二）五月五日にも羽田《はた》（現在の奈良県高取町）においてやはり薬猟を行い、さらに二十二年（六一四）五月五日にもこの薬猟を実施している。薬猟とは鹿の若角（袋角）を獲る猟という。この若角を鹿茸《ろくじょう》といい、陰干しにして滋養強壮剤に用いるのだそうだ。薬猟が毎年恒例化することで、以後、五月五日は薬草採取の日のようになってゆく。五月五日といえば、現在は「子供の日」。しかしその歴史をたどると推古天皇が不老長寿の仙薬をもとめて鹿狩りをおこなうという薬猟に行き当たるのだった。

# 六　崇峻《すしゅん》天皇を暗殺した東漢直駒《やまとのあやのあたいこま》毒死するのこと

第三十二代崇峻《すしゅん》天皇が東漢直駒《やまとのあやのあたいこま》によって暗殺されたのは五九二年十一月であった。

『日本書紀』は、崇峻天皇の死についてこう記している。

「十一月《しもつき》、癸卯《みづのとのう》の朔《ついたち》乙巳《きのとのみのひ》に、馬子宿禰《うまこのすくね》、群臣《まへつきみたち》を詐《かす》めて曰はく、『今日《けふ》、東国《あづま》の調《みつき》を進《たてまつ》る』といふ。乃《すなは》ち東漢直駒をして、天皇《すめらみこ》を弑《し》せまつらしむ」

東漢直駒に殺された崇峻天皇は、そして倉梯《くらはし》の岡《おか》というから現在の奈良県桜井市に埋葬されたといい、さらにこの崇峻天皇を殺した張本人の東漢直駒までが蘇我馬子《うまこ》によって殺されたと、『日本書紀』はいうのだ。

「東漢直駒、蘇我嬪河上娘《そがのみめかはかみのいらつめ》を偸隠《ぬす》みて妻《め》とす。河上娘は、蘇我馬子宿禰の女《むすめ》なり。馬子宿禰、忽《たまたま》河上娘が、駒が為に偸《ぬす》まれしを知らずして、死去《まか》りけむと謂《おも》ふ。駒、嬪《みめ》を汙《けが》せる事顕《あらは》れて、大臣の為に殺されぬ」

天皇は暗殺され、その暗殺したるものもまた同様にこの世から抹殺される。まことに奇々怪々なこの暗殺事件。じつはその背後には権勢欲にかられた蘇我馬子のあくなき政治的野望が渦巻いていたのだった。

蘇我馬子の父蘇我稲目《いなめ》は二十九代欽明《きんめい》天皇を擁立し、安閑《あんかん》天皇、宣化《せんか》天皇を支持する物部尾輿《おこし》と激しく対立した。両者の対立は、仏教の扱いをどうするか、それをめぐる対立だ。つまり、仏教を崇拝する蘇我氏に対し、大伴氏はこれを排斥しようとする側に立っていた。

仏教の伝来を『日本書紀』は欽明天皇十三年（五五二）といい、さらに同書はその伝来の様子を「『西藩の献れる仏の相貌端厳し、全ら未だ嘗て有ず。礼ふべきや不や』と群臣に問ふた」と述べている。

異国からもたらされたこの得体の知れない宗教をどのように扱えばよいのか、ひどく戸惑っている欽明天皇の困惑ぶりが手にとるようにわかるが、蘇我稲目が仏教に理解をしめせば、大伴氏は、同じく大連の位階にあった物部尾輿らとともに排仏にまわった。

大伴氏らが仏教に反対したのは、すでに応神天皇の御世に百済から『論語』五十巻、『千字文《せんじもん》』一巻が献上され、それ以来儒教が一般化しているという事実があったからだ。そのため両派はそれぞれ自分たちの天皇を担ぎ上げ、その正統性を主張することになる。これがいわゆる「三朝併立といわれるものだ」。

大伴氏は、すでに武烈《ぶれつ》天皇あるいは継体《けいたい》天皇の即位にも力を振るい、政治的影響力を強めていた。しかし救済を求める朝鮮半島の百済のそれに応じて任那《みまな》を四県に割譲したさい、不正な賄賂を受け取ったことが発覚し、彼の影響力にも次第に陰りがさしていた。継体天皇の死去は、さらに彼を政界から追放するものにもなった。

仏教の導入をめぐる対立は、したがって実質的には蘇我氏と物部氏という、この新興勢力の確執であった。けれどこの勢力争いも五三九年にいたって両者が和解し、名実ともに欽明天皇の時代になってひとまず決着する。朝廷の財政を押さえていることで政治の中枢部を握っている、仏教とともに渡ってきた渡来人たちを掌握しているなど、趨勢は蘇我氏に味方していたのだ。

このことは、いいかえれば蘇我氏の革新派が大伴、物部両氏の旧守派に対する勝利であった。そしてこの勝利を機に朝廷における蘇我一族の権勢はいよいよ強まっていく。

欽明《きんめい》天皇の死後、敏達《びだつ》、用明《ようめい》が皇位を継承する。この間には、蘇我、物部の両家、こちらも代替わりしている。すなわち蘇我馬子、物部守屋だ。

用明天皇の死去にともない、皇位継承問題が起こった。蘇我馬子は、欽明天皇の第十二子である崇《す》峻《しゅん》天皇を皇位継承者に推す。一方物部守屋は穴穂部皇子《あなほべのみこ》を継承者に立てた。

かくして皇位継承をめぐって両者の対立は再び激化する。先に当方が、ひとまずといったのはつまりこの対立が念頭にあったからだが、蘇我馬子はそこで炊屋姫《かしきやひめ》、すなわち敏達《びだつ》天皇の后で、のちに女帝となる推古天皇を奉じて、佐伯連丹経手《さえきのむらじにふて》、土師連磐村《はじのむらじいはむら》らに詔命を下すのだった。その辺りを『日本書紀』はこのように述べている。

「『汝等《いましら》、兵《いくさ》を厳《よそ》ひて速《すみやか》に往《ゆ》きて、穴穂部皇子と宅部皇子《やかべのみこ》とを誅殺《ころ》せ』とのたまふ。是《こ》の日の夜半《よなか》に、佐伯連丹経手等《ら》、穴穂部皇子の宮を囲む。是に、衛士《いくさびと》、先づ楼《たかどの》の上に登りて、穴穂部皇子の肩《みかた》を撃つ。皇子《みこ》、楼の下《しも》に落ちて、偏《かたはら》の室《や》に走《に》げ入《い》れり。衛士等《ら》、挙燭《ひとも》して誅《ころ》す。辛亥《かのとゐのひ》に、宅部皇子を誅《ころ》す」

まずは皇位継承の候補者たる穴穂部皇子からさきに誅殺した蘇我馬子は、つづいて穴穂部皇子らの黒幕である物部守屋《もりや》の討伐にうって出る。蘇我馬子と物部守屋はともに天を戴かぬ仇敵《きゆうてき》であった。それというのも、蘇我馬子はかつて大野の丘の北に仏殿を建て、盛大な落慶法要を挙行したが、排仏派の物部守屋のために仏殿は焼き払われ、揚げ句の果てには仏像までも難波の堀江に投げ捨てられるという仕打ちを受けていたのだ。

じつは蘇我馬子と物部守屋は義理の兄弟であった。というのは、馬子の妻は守屋の妹だからだ。そうした間柄であるにもかかわらず互いに敵対し、ついには流血の死闘を演じるまでに両者の反目はエスカレートする。

もっとも権力を奪わんとするためには、あるいは権力を保持せんとするためには肉親だの兄弟だのといった情けはむしろ無用でなければならないのかも知れない。源頼朝が弟の義経を討伐した、足利尊氏が実弟の直義を毒殺した。これらは、弟らを許すことがすなわち蟻のひと穴になる危険性を兄たちは恐れたからにほかならない。つまりその穴がやがて権力崩壊につながりかねないということだ。

話をもとにもどそう。物部守屋討伐の陣頭指揮をとったのは廏戸皇子《うまとのみこ》、すなわち後の聖徳太子であった。この時彼は、当時の風俗にしたがって、頭髪を瓢箪のかたちに結い上げていたから、まだ十五、六歳の、まことに雄々しい若武者であった。

白膠木《ぬりで》で四天王像を造り、これに武運長久を誓願し、さらに「今もし我《われ》をして敵《あた》に勝たしめたまわば、かならず護世四王《ごせしおう》のみたに、寺塔《てら》を起立《た》てむ」と宣言して出陣し、ついに物部守屋を討ち取るのだった。物部守屋の敗北は、排仏派に対する容仏派の勝利であると同時に、新興勢力の台頭でもあった。つまり馬子をして朝廷における蘇我一族の権勢がいよいよ強固なものになっていくからだ。

蘇我馬子は聖徳太子、さらに炊屋姫の協力をとりつけ泊瀬部《はつせべ》皇子を三十二代崇峻天皇として推戴する。五八七年であった。とはいうものの政治の実権はほとんど自分が牛耳っていた。炊屋姫は自分の姪であり聖徳太子は甥だ。馬子は、自分の血族で政権を固めるとともに政治的野望を着々とすすめてゆく。すなわち、仏教を土台にした新しい国造りだ。

崇峻天皇に実権はない。国家の最高権力者になったとはいえ、政治にはほとんど関与できず形だけの存在というのが実状。崇峻天皇にしてみればそれだけに自分をまったくないがしろにする蘇我一族が妬ましく思えたにちがいない。でなければこのような恨みがましいことを漏らす道理がない。

「五年の冬十月《かむなづき》の癸酉《みづのとのとり》の朔丙子《ひのえねのひ》に、山猪《ゐのしし》を献《たてまつ》ること有り。天皇《すめらみこと》、猪《しし》を指《ゆびさ》して詔《みことのり》して曰《のたま》はく、『何れの時にか此の猪の頸《くび》を断《き》るが如く、朕《わ》が嫌《ねた》しとおもふ所《ところ》の人を断《き》らむ』とのたまふ。多く兵仗《つはもの》を設《まう》けくること、常より異《け》なることも有り」（『日本書紀』）

十月四日、ある男が献上する猪をみて、崇峻天皇は何を思ったか、いつの日か、この猪の首を斬るように、自分が忌み嫌う人物の首を落としてやる、とつぶやくのだった。それほどまでに憎い人物とはならばいったい誰か。『日本書紀』はこうつづける。

「壬午《みづのえうまのひ》に、蘇我馬子宿禰《のすくね》、天皇の詔したまふ所を聞きて、己《おのれ》を嫌《そね》むらしきことを恐る。儻者《やからひと》を招《を》き聚《あつ》めて、天皇を弑《し》せまつらむと謀《はか》る」

つまり崇峻天皇が憎んだ人物とは蘇我馬子であった。馬子とその一族に担がれて玉座に就いたのはまぎれもない事実。彼らの支援がなければ、反対に物部守屋一派によってこの世から消されてもいただろう。しかし現に皇位に就いている。であればすべての権力は自分に与えられてしかるべき。ところが実際はちがう。実権は馬子一族に握られ、自分はあたかも雛人形のような、単なるお飾りにすぎない。先のつぶやきは、そんな馬子に対してつのりにつのった日頃の恨み辛みが噴出したものなのだ。しかし崇峻天皇のこのつぶやきが蘇我馬子の耳に入ってしまったからたまらない。馬子はたちまちこれに逆上し、早速兵に招集をかけ、天皇暗殺を企てるのだった。

ところで、私たちがここで抱くのは、この崇峻天皇のつぶやきがどうして馬子に伝わったのか、という疑問だ。再び『日本書紀』をみてみよう。

「十一月《しもつき》の癸卯《みづのとのう》の朔《ついたち》乙巳《きのとのみのひ》に、馬子宿禰《すくね》、群臣《まへつきみたち》を詐《かす》めて曰はく、『今日《けふ》、東国《あづま》の調《みつき》を進《たてまつ》る』といふ。乃《すなは》ち東漢直駒《やまとのあやのあたひこま》をして、天皇《すめらみこ》を弑《し》せまつらしめむ。或本《あるふみ》に云はく、東漢直駒は、東漢直磐井《やまとのあやのあたひいはゐ》が子なりといふ。是の日、天皇を倉梯岡陵《くらはしのをかのみさぎ》に葬《はぶ》りまつる。或本に云はく、大伴嬪《みめ》小手子《こてこ》、寵《めぐみ》の衰へしことを恨《うら》み、人を蘇我馬子宿禰のもとに使《や》りて曰はく、『頃者《このごろ》、山猪《ゐのしし》を献れること有り。天皇、猪を指《ゆびさ》して詔《みことのり》して曰《のたま》はく、『猪の頸《くび》を断《き》らむ如く、何《いづれ》の時にか朕《わ》が思ふ人を断《き》らむ』とのたまふ。且内裏《またおほうち》にして、大きに兵仗《つはもの》を作る』といふ。是に、馬子の宿禰、聴きて驚くといふ。丁未《ひのとのひつじのひ》に、駅使《はいま》を筑紫将軍《つくしのいくさのきみ》の所《もと》に遣《つかは》して曰はく、『内《うち》の乱《みだれ》に依りて、外《ほか》の事を莫怠《なおこた》りそ』といふ」

この『日本書紀』から密告者は崇峻天皇の后である小手子《おてこ》であったことを私たちは知る。そしてその密告の動機とは、自分に対する夫の情愛が次第に衰え、振り向いてもくれなくなったその嫉妬心からだったといっている。

もっとも信頼すべきものが妻だ。まして崇峻天皇の場合、政治の舞台から完全にはずされ、カヤの外に置かれて孤立状態にある。助けになるのは妻しかいなかったであろうし、愚痴や鬱憤を漏らせる相手も妻ぐらいであったろう。ところがその妻にさえ崇峻天皇は裏切られる。

小手子は大伴糠手連《あらてむらじ》の娘であった。大伴氏は、蘇我氏が政治の表舞台で活躍するのに比例して衰退していく。とはいえかつては欽明天皇、敏達天皇の側近として政治手腕を振るい、いまだ名門であることにかわりはない。だからこそ小手子は崇峻天皇の后にもなれ、蜂子《はちのこ》皇子、錦代《にしきて》皇女の二子をも生むのである。

それにもかかわらず小手子は、自分の夫を蘇我馬子に売り渡した。夫の心が自分から離れてゆくその腹いせにだ。嫉妬というべきか。あるいは執念というべきか。それが昂じればたとえ夫といえども容赦せぬ。女とはいとおそろしきものよ。くわばらくわばら。

ただし蘇我馬子にとって小手子の密告はじつに好都合であったにちがいない。もともと単なる飾りとして置いたにすぎない崇峻天皇である。飾りであれば、用済みと同時に片付けたい。けれどかりそめにも天皇。無用とはいえいざ片付けるとなればそれなりの大義名分が必要。そのような矢先に、崇峻天皇は兵を集め、自分を亡き者にせんとの奸計を密かにめぐらしているという小手子からの密告。馬子にとってこれに勝るチャンスはない。まさに好機到来だ。崇峻天皇が兵を挙げる前に機先を殺ぐ必要がある。馬子は東漢直駒に白羽の矢を立てた。

東漢直駒とはいかなる人物か。『日本書紀』では東漢直磐井の子といっている。漢氏には東文直（東漢）・西文首（西漢）の両系統があり、古くから渡来系であった。わけても東漢氏は、応神天皇時代に阿知使主《あちのおみ》およびその子の都加使主《つかのおみ》が百済の民とともに来朝したその子孫で、帰化人であった。

帰化人とは、もともと中華思想にもとづく言葉であった。つまり中国皇帝の徳がおよびにくい南蛮、東夷といった地から皇帝の徳を慕って帰服した者とみなす、というのが帰化の本来の意味だ。

さて、暗殺者として自分に白羽の矢が立った東漢直駒は、そこで馬子からあれこれ言い含められたことであろう。そのなかには、おそらく成功したあかつきにはそれ相当の恩賞、地位を保証しよう、さらには気に入りの女性をあてがってもよいぐらいの話になっていたかも知れない。

相手は天皇。それを殺めるのだから見返りを要求して当然かもしれない。ともあれ、テロリストと化した東漢直駒は、「東国の調を進らむ」というから、東国から供物を進ぜんとする儀式で宮中がテンヤワンヤしている最中を狙い、「陛下のおこころ、まことに麗しゅう存じまする」とかなんとかいって接近したかどうかはわからないが、「えいっ」っと一撃で仕留めたことは想像に難くない。

天皇を暗殺する。我が国の歴史上、これで二人目であった。過去に第二十代安康《あんこう》天皇が眉輪王《まよわのおおきみ》に暗殺されたのがまず最初だった。だがこれは皇族方同士の、いわば内輪もめであった。したがって同じ天皇暗殺とはいっても、政治的、権力的意図を持っての蘇我馬子の崇峻天皇暗殺とは性格が異なり、同様には語れない。

蘇我馬子は大伴氏を滅ぼし、穴穂部皇子を誅殺《ちゆうさつ》し、物部守屋を謀殺した。そしてついに崇峻天皇をさえ、腹心の刺客を放って暗殺する。かくして政敵を次々と葬り、名実ともに政治権力を完全に掌握した馬子は、その後、推古天皇を推戴し、聖徳太子とともに「冠位十二階」（六〇三年）、「憲法十七条」（六〇四年）などを制定するのだった。

蘇我馬子にしてみれば、これはまさに積年の悲願であったろう。仏教を中心とした政治体制が確実なものになったのであるから。

ところで暗殺をしてからの東漢直駒は、その後どうなったのだろう。私たちがもっともしりたいのはここだ。

「是の月に、東漢直駒、蘇我嬪河上娘《そがのみめかはかみのいらつめ》を偸隠《ぬす》みて妻《め》とす。河上娘は蘇我馬子宿禰の女《むすめ》なり。馬子宿禰、忽《たまたま》河上娘が、駒が為に偸《ぬす》まれしを知らずして、死去《まか》りけむと謂《おも》ふ。駒、嬪《みめ》を汙《けが》せる事顕《あらは》れて、大臣の為に殺されぬ」(『日本書紀』)

結論からさきにいえば、東漢直駒もまた蘇我馬子の手によって息の根をとめられたのだ。しかも彼の死因は毒殺であった。

しかしなにゆえ東漢直駒は蘇我馬子に殺されなければならなかったのか。

『日本書紀』は、東漢直駒が河上の娘を奪って妻にしていた。しかし自分の娘がそうなっていたなど馬子はつゆとも知らなかった。むしろてっきり死んだものとおもっていたぐらいだ。ところが事実を知るにおよんで蘇我馬子は東漢直駒を殺したと記している。

はたしてこれを額面通りに受け取ってよいかどうか。少なくとも当方は、これは蘇我馬子の口実、屁理屈にすぎないと思っている。というのは、馬子にとって東漢直駒は自分の秘密をもっとも多く知る人間。秘密とはいわずと知れた崇峻天皇暗殺であり、それについて交わした東漢直駒との密約だ。

何かにつけて今後、東漢直駒はこれをネタに強請してくることまちがいない。してみれば遅かれ早かれ消えてもらわねばならない。ただし、暗殺の罪はかぶせられない。暗殺を命じたのは自分にほかならないからだ。そこで考えをめぐらし、馬子がひらめいたのが、崇峻天皇の側室で、天皇亡きあと身をもてあましていた娘の河上娘と東漢直駒が肉体関係に陥る、その仕掛けだ。

この計略は、東漢直駒が河上娘を奪ったことで、案の定うまくいった。崇峻天皇の寵愛を失ってより久しく男の体臭を忘れていた河上娘であった。東漢直駒は、暗殺者ということもあって斜めに構える癖がある。そこがまたこの男を引き立たせ、河上娘の情欲をそそる。いつしか二人は自分の立場を忘れ、愛欲のおもむくままに深みへとはまりこんでゆく。これで東漢直駒を殺す名目が立った。天皇の側室を手ごめにし、犯したという罪だ。蘇我馬子は内心ホッとし、ほくそ笑んだ。それもそうだろう。目のうえのコブである東漢直駒がいなくなる。これでようやく、枕を高くして眠ることができる。

東漢直駒は、ならばいかに殺されたか。

『日本書紀』はそこまで立ち入っていない。だが、『崇峻天皇暗殺事件』（豊田有恒著、講談社文庫）は、彼の死は水銀による中毒死であったと記している。

蘇我馬子は深く仏教に帰依し、その興隆をまた願っていた。多くの学僧を隋から迎え入れたのも、日本から留学僧を送ったのも、さらには法隆寺や法興寺、あるいは四天王寺などの仏堂伽藍の建立を奨励したのも、そのためだった。彼は、仏教をいわば国教にしたいという夢も抱いたかも知れない。

その一方で蘇我馬子は自分用の、つまり氏寺もつくっていた。島の宮に持仏堂を設けたのがそうだ、と同書はいう。

持仏堂は完成した。ところが肝心の仏像はまだ安置していない。そこで蘇我馬子は白昧淳《はくまいじゅん》に仏像の設置を催促する。白昧淳は相輪の露盤製造を手掛け、金属加工に熟達した百済の人であった。蘇我馬子の矢の催促に、白昧淳は鍍金したばかりでまだ十分に乾燥しきっていない仏像を持仏堂に納めるのだった。そうとは知らない東漢直駒はその夜、この持仏堂にしのび込んで内側から閂《かんぬき》をかけ、身を隠した。追っ手から逃れるためだ。

翌朝、金色に輝く仏のみ姿を礼拝すべく持仏堂に参った蘇我馬子は、扉を開けた途端息を飲む光景に出くわすのであった。口から大量の吐瀉《としゃ》物が流れ、下半身は糞尿にまみれ、苦痛のはてに悶絶した東漢直駒のむごたらしい死体を発見したのだ。

仏像に金箔を施すためには水銀が必要。水銀は辰砂《しんさ》（これを別に丹砂ともいう）が採掘されるところには必ずあった。硫化水銀がそうだ。この辰砂に熱を加えると硫黄と水銀に分離する。水銀の沸点は三五七度。この温度に達したところで水銀は蒸気となって気化する。それを細い容器に密閉し、水などで冷却すれば煮凝りのようなあの液体状の水銀に変化する。

蘇我馬子が安置した仏像は黄金色に輝いていた。その金は、水銀と混ぜ合わせた水銀アマルガムの工法を用いて塗られたものだ。合金となった水銀は金属に塗られたことによって液体から気体に変わり、やがて気化する。

水銀の沸点は三五七度とさきに述べたが、じつはわずか二〇度でも蒸発する。そのため回りを密閉し、室内が二〇度以上に達すれば水銀は蒸発をはじめる。この水銀の蒸気を吸い込むと肺壊疽という病気にかかり、人はやがて中毒死する。そのため東大寺の大仏建立では水銀中毒による死者が大量に発生したといわれている。

さて東漢直駒は、かような事情があったなどむろん知らない。したがっていままさに気化の真っ只中にあってさかんに立ちのぼる水銀の毒気をたっぷり吸い込んでゆく。次第に息苦しくなり、東漢直駒はのたうちまわる。けれど堂内は暗闇に閉ざされている。扉を開けようにも肝心の閂のありかがわからない。やがて毒気が全身にまわる。かくして東漢直駒は悶絶して果てた。

天皇を暗殺するとはなんたる大胆不敵な不忠者。もしかりに、いますこし早く大化の改新が行われて「八虐《はちぎやく》」に対する刑罰が成立していたならば、東漢直駒の行為は天皇に危害を加えたのみならず生命さえも奪ったのだから「謀反」の罪に値し、それは死刑に処せられるところだ。しかしそうとはならず、おまけに黄金色に輝く、まばゆいばかりの仏像の膝元で成仏できたのである。東漢直駒にとって、まさに以て瞑すべしであろう。

ところでその後の蘇我馬子はどうしたか。自分の秘密をもっともよく知る東漢直駒を武器を用いず口封じができた。政敵はことごとく粛清した。これですべては安泰。そこで蘇我馬子は聖徳太子、推古女帝らと三頭立ての馬車を走らせ、仏教による新国家建設に向かってさらに拍車をかけた。

六二六年五月、蘇我馬子は没する。これより四年前の六二二年二月、すでに聖徳太子は斑鳩宮において四十九年の生涯を終えている。推古天皇も蘇我馬子に遅れること二年後の六二八年三月、七十五歳の生涯を閉じる。

## 七　仲哀《ちゅうあい》天皇、毒矢によりあえなく急逝のこと

第十四代仲哀《ちゅうあい》天皇も、毒矢によって急逝している。ということは、父子ともども毒によって死んだことになる。仲哀天皇の父親はヤマトタケルノミコトだからだ。

『古事記』によると、ヤマトタケルノミコトは生涯に六人の女性を妻にしている。すなわち垂仁《すいにん》天皇の娘であるフタヂノイリビメノミコト、相模の海に飛び込み、暴風を鎮めるとともに夫の上陸を援護したオトタチバナヒメノミコト、さらにフタヂノヒメ、オホキビタケヒメ、ククマモリヒメ、そしてもうひとり、名はさだかでない女性だ。

この六人の妻のあいだに六人の子供をもうける。六人の子供はいずれも男子で、仲哀天皇は、ヤマトタケルノミコトが最初に娶ったフタヂノイリビメノミコトとのあいだに生まれ、名を帯中津日子《たらしなかつひこの》命《みこと》といった。

仲哀天皇が急死した年齢および月日について『古事記』は、「御年、五十二歳《いそぢまりふたとせ》。壬戌の年の六月十一日に崩りましき」と記している。

彼の妻で、夫の亡き後摂政となった神功皇后はじつに百歳までも長生きしたというから、仲哀天皇

がいかに早死にであったかわかる。しかもおまけにその死因というのが敵が放った毒矢による中毒死であったとなれば、なおさら無念このうえなかったにちがいない。

『日本書紀』では、仲哀天皇が急死したときの様子をこのように伝えている。

「九年の春二月《きさらぎ》、癸卯《みづのとのう》の朔《ついたち》丁未《ひのとのひつじのひ》に、天皇、忽《たちまち》に痛身《なや》みたまふこと有りて、明日《くるつひ》に、崩《かむあが》りましぬ。（略）一《ある》に云はく、天皇、親《みずか》ら熊襲を伐《う》ちたまひて、賊《あた》の矢に中《あた》りて崩《かむあが》りましぬといふ」

仲哀天皇もまた熊襲征伐に執心した人物だった。またといったのは、彼の父親であるヤマトタケルノミコト、祖父の景行天皇がそうであったからだ。もっとも彼らにかぎらず、神武天皇が東征途上、土地の豪族たちを蝦夷、あるいは土蜘蛛などと蔑視し、服従させたのをはじめ、歴代天皇は「まつろわぬ民」の鎮圧にことのほか熱心であった。とりわけヤマトタケルノミコトは父の景行天皇の意を受け、東に蝦夷を討てば西に熊襲を謀殺し、さらに出雲ではイズモタケルを罠にかけて斬殺している。朝廷の皇威に服さざるこれら地方の豪族たちをことごとく討ち殺し、大和王権の樹立に貢献したのがヤマトタケルノミコト。そのような人物を父にもつだけに、仲哀天皇も熊襲討伐には執念をたぎらせていた。

熊襲とは『日本書紀』の呼び方。『古事記』では熊曾と書く。また、『肥前国風土記』、『豊後国風土記』では玖磨噌唹と書いている。これらの例からクマソとはあたかも一つの国、あるいは地域のようにとらえがちだが、元来はふたつの、まったく別々のものであった。そのことを伝えているのが『日本書紀』の景行天皇十二年十二月の条りであり、十八年四月の条りだ。

十二年の条りはこうだ。

「十二月《しはす》の癸巳《みづのとのみ》の朔丁酉《ついたちのひのとりのひ》に、熊襲を討たむことを議《はか》る。是《ここ》に、天皇、群卿《まへつきみたち》に詔《みことのり》して曰《のたま》はく、『朕《あれ》聞く、襲国《そのくに》に厚鹿文《あつかや》、迮鹿文《さかや》といふ者《もの》有り。是《こ》の両人《ふたり》は熊襲の渠帥者《いさを》なり。衆《とも》類《がら》甚多《にへさ》なり。是《これ》を熊襲の八十梟帥《やそたける》と謂《い》ふ』……」次に十八年四月の条りとはこうだ。

「夏四月《うづき》の壬戌《みづのえいぬ》の朔甲子《ついたちきのえねのひ》に、熊県《くまのあがた》に到りたまふ。其の処に熊津彦《くまつひこ》といふ者《もの》、兄弟《はらから》二人有り。……」

しからばクマ県およびソの国とはいったいどこかということになる。クマは現在の熊本県球磨郡、人吉市周辺、ソは現在の鹿児島県曾於《そお》郡西部、始良《あいら》郡東部、国分市周辺がそうだ。したがってクマソとは、九州南部の、とりわけ大隅半島から霧島山脈の東麓および日南海岸の一帯をひとまとめにした地域とみていいだろう。

その熊襲にあって、朝廷に対して何かと敵対する豪族の存在に頭を悩ませていた仲哀天皇は、妻のオキナガタラシヒメノミコト、後の神功《じんぐう》皇后にむかってしばしば愚痴をこぼしていた。ところがこの皇后、同情するどころかかえって夫にハッパをかけるほどだった。

「天皇よ、なんぞ熊襲ごときが服従せぬことに憂えることありや。あの国は、たとえていえば背中の肉がそげ落ちてやせ細った、じつに貧しい国。兵を出して討ち取るに足らん」

この皇后は、仲哀天皇亡き後、神功皇后となって摂政政治を行うぐらいだから、もともと気丈な性格の女性であったようだ。しかもそこえもってきて、予言や霊力といった超能力を備えた、いわゆるシャーマンであったというから、そのカリスマ性は人を魅了させせずにはおかないものがあったに違いない。この神功皇后をして卑弥呼になぞらえるものもいるが、その所以もしたがってこうしたシャーマニックなところにある。

ともあれ祖父、父、そして自分と三代にわたって熊襲討伐になみなみならない精力をかたむけてきたにもかかわらずその目的たるやなおまだ完全には達成されておらず、そのため仲哀天皇はあれこれ戦略を練るのだった。ところがこれといった有効かつ決定的な手が打てずにいた。そればかりかついには自分までも熊襲が放った矢に射ぬかれ、あえなく急死するという無残な最期を遂げるのであった。

熊襲が放った矢は毒矢であったなど、もちろん『日本書紀』には書いていない。けれど矢による急死とくれば毒矢、しかもトリカブトの毒を鏃《やじり》に塗りこんだ毒矢とみるのが常識だ。

トリカブトにはアコニチン系アルカロイドが含まれている。そしてその毒に侵されると呼吸中枢が麻痺し、呼吸困難の末に死にいたるというのだ。トリカブトの根を切ったときの切り口が変色するのは毒性が強いからであり、変色の仕方が早ければ早いほど毒性が増すという。トリカブトの毒性を知りたければ、だから根の切り口の色の変わり具合を観察すればよろしい。人の致死量は二ミリ～三ミリグラムぐらいですむらしい。トリカブトで憎い相手を毒殺したいと思うなら、ほんの耳かき一杯分ですむというから、ま、苦もないことだろう。

『毒矢の文化』によると、トリカブトは世界各地に分布し、その数はざっと五百種類に達するという。とりわけ日本においてもほぼ全国にそれは見ることができるとのことだ。そのせいか、そのネーミングもじつに多彩。日本ではトリカブト、ブス、ウズ。花の形がヘルメット状をなしているところからカブトギク、ヤマカブトなどという。

ドイツではこれを「青色の鉄かぶと」「嵐の帽子」。花びらをほぐすと形がクツやスリッパに見えるため、「青いクツ」「小さなスリッパ」などと、猛毒の植物にはおよそ似合わない、品のよい名を冠している。

さらに漢方医などによると「天雄」「側子」「漏藍子」、根を煎じて、あたかも濃縮ジュースのようにしたものを「射罔」などと呼んでいる。

トリカブトの名は『出雲風土記』にも登場する。同書には年料雑薬として五十三種の野生の植物名が登場している。たとえば黄精《あおえみ》、百部根《ほとずら》、枸杞《くこ》、狼牙《こまつなぎ》、牛膝《やぶじらみ》、商陸《いおむぎ》、菖蒲《しょうぶ》、躑躅花《つつじ》、李《すもも》などなどだ。狼牙、商陸《やまごぼう》、躑躅花、などはいずれも毒草だ。

『和漢三才図会』によると、商陸は根に毒があるといっている。花の赤いものは根が赤く、花の白いものは根も白い。白いものは薬用にするが、赤と黄色いものは毒がある。だが、全身にむくみがあらわれ、腹部が膨張する「腫満」という症状には、根の赤いものを突き砕き、そこに麝香《じゃこう》を三分ばかり加えて臍に貼り、包帯でしばっておけば尿の出がよくなり、腫れも消えるといっている。

狼牙についても、根は黒くて獣の牙歯のよう。その根を三月、八月に採取し、天日乾しにする。乾燥が不十分で、根の内部が腐乱し、カビがはえているものは有毒。人を殺す、と述べている。正倉院の中にもトリカブトは納められている。聖武天皇の死去後、光明皇后は正倉院を建てて天皇の遺品のかずかずをそこに納めたが、そのなかにトリカブトも含まれている。薬剤や香料を一括した目録『種々薬帳』には犀角《さいかく》、椰子《やし》、麝香、桂心《けいしん》といった香料や医薬品六十種を献上したことが記録されている。

中国産や南方の国々で産出されたこれらの薬草類を宮廷の重臣たちは珍重していたとみえる。光明皇后などは投薬用の桂心をことのほか好んで服用していたため、不足すると中国に支給を依頼していたともいわれている。

さきに当方は、トリカブトは古典的な武器と述べた。というのは、『三国志』の魏志東夷伝の「伆吉」の条りをみるとこう記されているからだ。

「射猟を善くす。弓の長さ三尺、箭の長さ尺二寸、石を以て鏃となす。常に七八月毒薬を造る。矢の鏃に傅し、禽獣を射るに、あたれば即ち死す。毒を煮れば、毒気またよく人を殺す」

毒を鏃に塗り、あたればたちまちにして死に至るということの事実から、毒草を特定すると『本草綱目』の毒草の部「烏頭《うず》」に行きあたった。そこには、「射罔ハ蝦夷ニテ竹矢ニヌリテ物ヲ射。コレヲ、ブストモ、トトキノ矢トモ云フ」とある。

ブスとはすなわちトリカブトの別名だが、それがすでに後漢末期の紀元二二〇年から晋代初期の二八〇年までの歴史を記録した『三国志』に登場している。トリカブトが古典的な武器といった理由はここにある。

ならばトリカブトの毒をどのように調製して矢毒とするのだろう。『毒矢の文化』は松浦武四郎の『東夷日誌』を引用しているので、それを孫引きさせていただく。

「烏頭根に草の脂と蜘蛛、クルンへ（長五、六分水中につく虫也）と四種を練合して筒に入れ、腐らして用ゆると、然し是れを用ゐて取りしは、其肉に毒廻りて動もすれば食し者に当たる故、今は烏頭一味にて製す。然れば、毒廻り遅けれ共、肉を捨てる所少なしと話しぬ」

たばこのヤニだの蜘蛛、さらに水虫のクルンへなどを混ぜ合わせ、それを鏃《やじり》に塗ったのがすなわちトリカブトの毒矢というから、なるほど、あたればたちどころに絶命ほぼ間違いなさそうだ。

仲哀天皇もおそらくはそのような猛毒を鏃に塗り付けた毒矢のために、惜しい命を落とされたのに違いない。父のヤマトタケルノミコトも大蛇の毒気を吸い込んだのが原因で毒死している。そしてその息子の仲哀天皇もまた矢毒がもとで急死する。父子ともども、毒の怨霊によくよく取り憑かれたとみえる。

# 第二章

# 権謀術数渦巻く宮廷政治の陰に毒殺あり【宮廷編】

## 一　奸計にはめられた長屋王毒殺のこと

暗闘渦巻く宮廷政治は謀略に満ち満ちている。しかもその政変の陰には毒殺がはびこる。長屋王《ながやおう》の死因も毒殺だった。『日本霊異記』の中巻第一「己が高徳を恃み、賤形の沙弥を刑ちて、以て現に悪死を得し縁」は、長屋王の毒死をこのように記している。

「諾楽《なら》の宮に宇《あめのした》の大八嶋国御《おほやしまのくにをさ》めたまひし勝宝応真聖武太上天皇、大誓願を発《おこ》し、天平元年己《つちの》巳《とみ》の春二月八日を以て、左京の元興寺に大法会を備《まう》けて、三宝を供養したまひき。太政大臣正二位長屋親王《ながやのおほきみ》に勅《みことのり》して、衆僧に供する司に任ず。時に一《ひとり》の沙弥あり。濫《みだりがは》しく供養を盛《も》る処《ところ》に就きて、鉢を捧げて飯を受く。親王見て、牙冊《げさく》を以て沙弥《しやみ》の頭《かしら》を罰《う》つ。頭破《わ》れて血を流す。沙弥頭を摩《な》で血を捫《のご》ひて、悕《うらめし》み哭《なげ》きて忽《たちまち》に観《み》えず。去く所を知らず。時に法会の衆、道俗、偸《ひそか》に嗲《ささめ》きて言はく『凶《あ》し、善《よ》くあらず』といふ。経ること二日、嫉妬《うらや》む人ありて、天皇に讒《しこ》ぢて奏《まう》さく、『長屋、社稷《くに》を傾けむことを謀り、国位《みかどのくらゐ》を奪《と》はむとす』とまうす。ここに天心《みこころ》瞋怒《いか》り、軍兵《いくさ》を遣《つか》はして陣《たたか》ふ。親王《みこ》自ら念《おも》はく、『罪なくして囚執《とら》はる。これを決定《さだ》めて死なむ。他《ひと》に刑殺《ころ》されむよりは如《し》かず。自ら死なむには』と思ふ。即ちその子孫に毒薬を服せしめ、絞《くび》り殺しをはりて後、親王《みこ》薬を服して自害す」

『日本霊異記』によると長屋王の自害は聖武《しょうむ》天皇が元興寺の大法会を催した天平元年（七二九）二月八日の二日後だから二月十日だ。そして自害に追い込まれた原因は、長屋王に国家転覆の陰謀ありとの密告によるものだった。

長屋王毒死の背後には宮廷を舞台とした藤原宇合《うまかい》と長屋王の暗闘および藤原一族による長屋王抹殺があった。長屋王は高市皇子《たけちのみこ》の子であり、天武《てんむ》天皇の孫にあたる。父高市皇子は、天智《てんち》天皇亡き後、天智天皇の弟大海人皇子《おおあまのみこ》と天智天皇の子大友皇子《おおとものみこ》の皇位継承をめぐる紛争の壬申の乱（六七二年）に際して大海人皇子側につき、大友勢を破って大海人皇子（後の天武天皇）擁立に貢献した。

そのような父を持ち、さらに妻の吉備内親王《きびないしんのう》は草壁皇子《くさかべのみこ》を父に、母は元明《げんめい》天皇、姉は元正《げんしょう》天皇、弟は天武天皇という、皇統の血を濃く引き継いでいる。こうした家格を持つ誇り高き長屋王である、次期皇位継承者は我にあり、と自負することはばからなかったに違いない。

これに対立したのが藤原不比等《ふひと》だった。大化の改新に功績のあった藤原鎌足を父に持つ不比等は宮廷に深く入り込んで政治に関与するとともに皇統にも野望をたぎらせていた。その第一弾として不比等は娘の宮子《みやこ》を文武《もんむ》天皇の後宮《こうきゅう》に入れ、さらに第二弾として聖武天皇の後宮には光明子《こうみょうし》を送り込むのだった。自分の娘を二代の天皇に嫁がせることで宮廷支配をいよいよ確固たるものにする不比等。その彼が次なるターゲットにしたのが皇位皇統を主張する長屋王の封殺であった。ところが不比等は七二〇年、六十二歳で没する。

不比等の野望を受け継いだのが藤原宇合であった。長屋王追い落としの奸計をめぐらしていた宇合は長屋王のスキャンダルを虎視眈々と狙っていた。それをネタに宮廷から追放すれば世はまさに藤原一族の天下、藤原王朝は夢でない。

沙弥《しゃみ》の頭を激しく殴打し、重傷を負わせる事件こそ長屋王失脚を狙う宇合にとって願ってもない、まさに千載一遇の好機であったろう。すかさず宇合は家臣を天皇のもとに走らせ、「長屋王に謀反の心あり」と密告し、天皇の詔を受けて軍を率い、長屋王の屋敷を包囲するのであった。

ならば長屋王は何を根拠に謀反の心ありと密告されたのか。私たちがもっとも知りたいのはここだ。『続日本紀』の聖武天皇の天平元年二月はこう記している。

「二月辛未、左京の人《ひと》従七位下漆部《ぬりべ》造君足《きみたり》、無位中臣宮処《なかとみのみやこ》連東人《あづまひと》ら密《ひそかこと》を告げて称《まう》さく、『左大臣正二位長屋王《ながやのおほきみ》私《ひそ》かに左道《さどう》を学びて国家を傾《かたぶ》けむと欲す』とまうす。その夜、使ひを遣して固く三関《さむぐゑん》を守らしむ。因《より》て式部卿従三位藤原朝臣宇合《うまかひ》、衛門佐《ゑもんのすけ》従五位下佐味《さみ》朝臣虫麻呂《むしまろ》、左衛士佐《じのすけ》外従五位下津嶋朝臣家道《いへみち》、右衛士佐《うゑじのすけ》外従五位下紀《き》朝臣佐比物《さひもち》らを遣はして六衛《りくゑ》の兵《いくさ》を将《ゐ》て長屋王の宅《いへ》を囲《かく》ましむ」

『続日本紀』はさらにつづけて長屋王の罪を問い詰め、彼を捕縛して長屋王をはじめ膳夫《かしはで》王、桑田《くはた》王、葛木《かづらぎ》王、鉤取《かぎとり》王らに毒を飲ませて自害させ、長屋王も続いて毒をあおるとともに後を追った。長屋王および吉備《きび》内親王の二つの遺体は生駒山に埋葬したと伝えている。

従二位といえば天皇に次ぐナンバー2。さしずめ総理総裁に匹敵する実力者だ。にもかかわらず一夜にして政治権力のことごとくを剥奪され、ついには服毒自殺に追いやられる。いやはやなんとも……である。

ともあれ、長屋王の嫌疑は政治クーデターの意図を持ってひそかに「左道」を学んでいたというものだ。では「左道」とはいったい何かということになる。中国の儒教の『礼記』の王制編にこう述べている。

一、およそ刑罰を作すに、軽き者も赦すこと無し。刑は侀なり。侀は成すなり。一たび成して変えるべからず。故に君子は心を尽くす。

二、言を析り、律を破り、名を乱し、作を改め、左道を執りて、もちて政を乱す者は殺す。

三、淫らな声、異なった服、奇妙な技、奇妙な器を作りて、もちて衆を惑わすは、殺す。

四、偽りを行って堅く、偽りを言いて弁じ、非を学んで博く、非に従いて沢に、もちて衆を惑わすは、殺す。

五、鬼神・時日・卜筮《ぼくぜい》に仮りて、もちて衆を惑わすは、殺す。

六、この四誅の者は、もちて聴さず。

つまり二〜五に抵触する行為を執ったものはことごとく死罪に処するということだが、具体的に呪術あるいは呪文といったいかがわしい言動や文書を用いて大衆を扇動することをいう。あやしげな呪術を弄し、人心の撹乱を狙い、国家転覆の陰謀をめぐらす。そのような「左道」を用いたとして天武天皇の三年（六九九）五月、役《えんの》行者《ぎょうじゃ》は伊豆大島に流刑された。長屋王も同様の罪状で四人の子供を毒殺し、さらに自らも毒をあおって悶絶する。ところで、長屋王が謀ったとする内乱罪を当時の刑罰であった大宝律令（七〇一年成立）に照らせば八虐の中の「謀叛」にあたる。

八虐とは、天皇に危害を加える「謀反」、山稜や皇居を破壊する「謀大逆」、国家に反逆する「謀叛」、祖父母・両親を殴り、殺す「悪逆」、一家三人以上を殺す「不道」、大社を破壊し、宝物を盗み取る「大不敬」、祖父母・両親を告訴し、罵る「不孝」、主人や国司を殺害する「不義」、この八の罪状を指す。

これらに違反した場合、ならば量刑はどの程度であったろう。律令の「賊盗律第七」にはこうある。すなわち謀反ならびに謀大逆をおかした場合は皆斬。つまり打ち首だ。そのうえ資財、田宅没収。祖孫、兄弟は遠流というからじつに厳しい。ただし、容疑者が八十歳である場合、重篤の疾病にあるものは赦免せよというから、情状の酌量も認めている。

長屋王にかけられた謀叛はどうであったろう。「凡そ叛謀れらば、絞。すでに上道せらば皆斬」と、律令は規定している。つまり謀議の段階であれば絞首刑。けれどすでに行動に移していれば斬首刑であった。

この盗賊律には毒をもって人を殺した場合も規定している。この点については別の稿で触れたいとおもう。

大宝律令、さらにこれを一部改正して十七年後に成立する養老律令は、ともに藤原不比等が中心となって制定したものだ。とすると、長屋王はさしずめこの盗賊律違反容疑による検挙者第一号といっていいかも知れない。

仇敵、ライバルともいうべき長屋王の失脚に成功し、実権を掌握した藤原宇合。これによってかねて悲願の藤原一族による王朝支配は順風満帆にゆくかにみえた。ところが、天網恢々《てんもうかいかい》疎《そ》にして漏らさずのたとえは生きていた。藤原一族の頭上に天罰が下ったのだ。

雨は降らず、日照りと旱魃《かんばつ》で疲弊するところにもってきて、天然痘が追い打ちを加えた。人々は食料飢饉と疫病に苦しみ、多数の死者が出ていた。それは宮廷とて例外にしてはおかない。天平九年（七三七）四月、藤原房前《ふささき》がまず犠牲になり、つづいて七月に藤原麻呂と藤原武智麻呂《むちまろ》が、さらに八月には藤原宇合が犠牲になった。かくして藤原四兄弟はわずか四カ月足らずの間にバタバタと死んで行く。長屋王の死から九年後のことであった。

藤原一族の急死という、かかる事態に聖武天皇はひどく当惑すると同時に自然の脅威を改めて知る。そのためこのような事態を招いた責任は己の不徳にあることを認め、なすすべもないまま天を仰ぎみながら、慚愧に耐えない、無念の嘆息をつくばかりだった。

藤原一族の死から一年後の天平十年（七三八）七月に中臣宮処連《なかとみのみやこ》東人《あづまひと》が斬り殺されている。じつはこの東人こそ長屋王に謀叛の心ありとして天皇に誣告《ぶこく》し、長屋王を陥れた張本人であった。『続日本紀』はそのことをこう述べている。

「左兵庫少属《さひやうごのせいぞく》従八位下大伴宿禰子虫《こむし》、刀《たち》を以《もち》て右兵庫頭《うひやうごのかみ》外従五位下中臣宮処連《なかとみのみやこ》東人《あづまひと》を斫《き》り殺《ころ》しつ。初《はじ》め子虫《こむし》は長屋王に事《つか》へて、頗《すこぶ》る恩遇《おんぐう》を蒙《かがふ》れり。是《ここ》に至《いた》りて適《たまたま》東人《あづまひと》と比寮《ひれう》に任《にむ》す。政事《まつりごと》の隙《ひま》に相共《あいとも》に碁《ご》を囲《かく》む。語《こと》長屋王《ながやのおほきみ》に及《およ》べば、憤発《いきどほ》りて罵《ののし》り、遂《つひ》に剣《つるぎ》を引《ぬ》き、斫《き》り殺しつ。東人《あづまびと》は長屋王の事《こと》を誣告《むがう》せし人《ひと》なり」

かくして長屋王の冤罪は晴れた。長屋王死後から十年、藤原宇合の死から一年後。何やら因縁を感じさせものがあるが、それも因果か……。

## 二　内乱・天災・大量毒死におののく聖武《しようむ》天皇のこと

聖武《しようむ》天皇が盧舎那仏《るしやなぶつ》造立の勅詔を発布したのは天平十五年（七四三）十月十五日であった。徳薄い身なれど、皇位を継承したのはあらゆるものを救済しようとしたからであり、人にも物にも慈悲をもってつとめてきた。そのため国土の果てまで天皇の慈悲、恩恵は被っている。だが仏法の恩は今もって行き渡っていない。そこで三宝（仏・法・僧）の威霊にすがって天地の安泰と万代にいたるまで福業をゆたかにし、動物も植物も栄えてさかんなることを願い、聖武天皇はこう宣言するのだった。

「ここに天平十五年歳《ほし》癸未に次《やど》る十月十五日を以《もち》て、菩薩《ぼさち》の大願を発《おこ》して盧舎那仏《るしやなぶつ》の金銅像《こんどうぞう》一軀を造り奉《まつ》る。国の銅《あかがね》を尽くして象《かたち》を鎔《い》、大山《たいさん》を削《けづ》りて堂を構《かま》へ、広く法界に及《およぼ》して、朕《わ》が智識とす。遂に、同じく利益《りやく》を蒙《かがふ》りて、共に菩提を致《いた》さしめむ。夫《そ》れ天下《あめのした》の富を有《たも》つ者は朕《われ》なり。天下《あめのした》の勢《いきおひ》を有《たも》つは朕《われ》なり。この富と勢《いきほひ》を以てこの尊《たふと》き像《ざう》を造らむ。事《こと》、成《な》り易く、心至り難し。但恐《ただおそ》るらくは、徒《ただ》に人を労《つから》することのみ有りて能《よ》く聖《しよう》を感《かま》くること無く、或いは誹謗を生《おこ》して反《かへ》りて罪辜《ざいこ》に堕《おと》さむことを。是《こ》の故《ゆゑ》に智識に預《あづ》かる者《ひと》は懇《ねもころ》に至れる誠《まこと》を発《おこ》し、それぞれが福を招き、毎日三度盧舎那仏を礼拝すべし。また自ら念じて盧舎那仏を造立すべし。もし更に人の、一枝の草、一把の土を持ちて像を助け造らむと情《こころ》に願《ねが》はばほしいままにこれを聴《ゆる》せ、国郡《こくぐん》等の司《つかさ》、この事によりて百姓を擾侵して、強《し》ひて収斂せしむることなかれ」

あたかも操り人形のように藤原一族に操られている自分を知っていたのだろうか。聖武天皇は人徳のなさを自ら認めている。

それもそうだろう。長屋王失脚を目論む藤原宇合らの誣告を真に受け、長屋王を服毒自殺に落とし込めたこと、それによって藤原一族の王朝支配がはじまったこと。そうした矢先に折から全国を襲った疫病によって藤原一族が相次いで頓死したこと、この権力の空白を衝いて頭角を顕した橘諸兄《たちばなのもろえ》の華美豪奢な政治姿勢を批判し、一万の兵を率いて決起した藤原広嗣《ひろつぐ》の軍事クーデターなど、権力奪取をめぐる内乱はついぞ絶えたためしがない。

そのうえおまけに日照りと旱魃によって田畑は荒れ果て、農作物は立ち枯れたまま。ちまたには餓死者があふれた。そこへもってきて疫病が追い打ちをかけるから、さながら阿鼻叫喚の地獄絵図がいたるところで展開していた。

内乱と天災。それによる政情不安、民生不安。おそれおののく聖武天皇はそのため天平十二年十月、突如平城京を出て関東への行幸に出立する。だがそれはあたかも流浪の旅ともいえた。再び平城京にもどる天平十七年五月までの約五年間を恭仁宮《くに》、紫香楽宮《しがらき》、難波宮《なにわ》と遷都を繰り返すからだ。

この遷都は何を意味するのか。歴史書はとくに伝えていない。けれど失意の旅であったろうことは想像できる。そしてその途上で自分の不徳を痛感し、天皇としての力量不足を思い知ったにちがいない。内乱も天災もすべてはそこに起因する、と。

だから聖武天皇は盧舎那仏の造立に鎮護国家、民生安定を求めるとともに低下した皇威発揚を賭けたのであった。ところがこの世紀の大事業に、またしても人的物的に甚大な犠牲がともない、人々の疲弊、いよいよ増すばかりだった。

盧舎那仏は当初、紫香楽宮（滋賀県）にほど近い甲賀寺に建てられるはずだった。事実、原型となる塑像に着手もする。しかしその後、平城京に遷都したため一時中断し、仕切り直しとなって最終的には現在の東大寺に白羽の矢が立った。

仏像の高さ約十六メートル。これは五階建てのビルに相当する。けれどこれで驚いてはいけない。仏像を納める大仏殿は高さ四十七メートル。間口は八十八メートルというからだ。

かようなとてつもない巨大建築物をすでに約千二百年も前に建設したというのだから、当時の技術水準の高さには脱帽のほかはない。けれど私たちの関心は大仏の荘厳さ、雄大さもさることながら、そこに投入された人的、物的数量の莫大なることであり、さらにはそれをいかなる手段で確保し、調達したかということであろう。

聖武天皇は「国の銅を尽くして」仏像を立ち上げるとハッパをかけ国中の銅、錫、水銀をかき集めることに腐心した。かくして和同開珎の銅が発見された秩父地方や出雲地方、あるいは伊勢、熊野、山城、石見といった鉱山から産出した鉱物は北陸道、東山道、東海道を通って中央に続々と集積されていった。

一方、労働力も大量に動員された。なにしろ一枝の草、一摑みの土でもよい、自発的に大仏建立に馳せ参じるものはこれを許すとしてこの世紀の一大プロジェクトへの参加を聖武天皇は督励している。

そのため銅工、金作、鉄工といった工人たちが平城京に駆り出されていった。

かくして天平十五年一月の発願からかぞえて八年六カ月、天平勝宝四年（七五二）四月の開眼供養をもって盧舎那仏造立は完了する。ところがここに至るまでには相当の人的犠牲が払われたことを見逃してはならない。

大仏殿碑文によると、仏像造立に投入された物量は銅十三万三千六十七貫（約五百トン）、錫二千二百七十一貫（約八・五トン）、錬金百十七貫（約四百三十八キロ）、水銀六百六十貫（約二・五トン）が用いられたと伝えている。では労働力はどうであったろう。聖武天皇は天平十六年九月、巡察視を畿内および南海道、東海道、山陽道など七道に派遣している。それは、全国から労働力を動員するにあたって、これを逃れようとする郡司など地方官僚の不正を監視するためだ。巡察視を中央からわざわざ送ることにしてからが、いかに大量動員がはかられたか想像がつくが、『東大寺要録』には、仏像造立に携わった職工や人夫のかずをこのように記録している。

まず大仏鋳造については、賃金を得るプロの職人や人夫のかずは五十一万四千九百二人、彼らを配する金属関係の技術者のかずは三十七万二千七十五人。次に大仏殿建設では、プロの職人と人夫合わせて百六十六万五千七百十一人、彼らを配する材木関係の技術者が五万一千五百九人となっている。

仏像と大仏殿建設合わせてざっと二百六十万人からの労働力が動員されたことになる。ただでさえ旱魃やたび重なる地震などで人も物も窮乏のどん底にあるにもかかわらず、これだけのヒト・モノ・トキをついやしてなお盧舎那仏造立に執念を燃やす聖武天皇の心中やいかに、と問いたいところだ。

それはともあれ、クレーンもブルドーザーもユニックもない時代にこれだけ巨大な建造物を建てたのである。おそらく犠牲者も少なくなかったにちがいない。まして二トン以上もの水銀を使用したとなれば、水銀による中毒死が発生したはずだ。

巨大と同時に絢爛豪華。聖武天皇にとって青銅の仏像ではいまひとつ物足りなさが残る。そのようなところに陸奥の国守より「部内の小田郡に黄金あり」と告げられたのは、じつに吉報であったろう。その金を使って盧舎那仏を黄金に装うよう、命じたのはいうまでもない。

鍍金。つまりメッキだが、それには水銀が欠かせない。水銀は金、銀、錫、リチウムなどを溶かしてアマルガムをつくる。盧舎那仏はこの方法でメッキされた。このときアマルガム中の水銀は気化して大気中に蒸発する。水銀中毒はこの蒸気を吸い込むことで起こる。

水銀は毒のひとつに挙げられている。『周来』は、「毒を聚め、以て医事に共する。これ医師の役目なり」と断ったうえでさらに、「およそ瘍を療するに五毒を以てこれを攻む」と述べている。その五毒とは石膽《せきたん》（硫化銅）、丹砂《たんしゃ》（硫化水銀）、雄黄《おおう》（硫化砒素）、礬石《はんせき》（炭化砒素）、慈石《じせき》（酸化鉄分）などだ。

水銀中毒にかかると肺壊疽をきたし、やがて死ぬ。そのほか足腰の痛みや歯が抜け落ちるなどの症状があらわれる。その半面、薬としても利用されている。『神農本草経』には身体や五臓の病をなおしたり心や眼力を強くし、不老にも効果を発揮すると述べている。そのため漢方では強心剤あるいは子供のけいれん止めなどにも用いられた。

水銀は丹砂、辰砂《しんさ》などともいわれる。辰砂を砕いて粉末にし、それを熱すと蒸気と化して水銀となる。水銀鉱山は全国各地に存在していた。たとえば『豊後風土記』の海部郡では「丹生の郷、郡の西にあり。昔時の人、この山の砂を取りて朱砂に該てき。因りて丹牛の郷といふ」と辰砂の産出を伝えている。

また伊勢、熊野地方も辰砂の産地だ。実際盧舎那仏のメッキにはここから産出した水銀が用いられている。伊勢産の水銀といえば「伊勢白粉」が有名。軽粉といわれるこのおしろいは公家や武家の女性に珍重され、一説には、あのお岩さんがあのような醜い顔になったのもこの伊勢白粉の水銀におかされたためといわれている。

熊野地方にはまた毒水、つまり鉱毒も発生していたらしい。鉱毒事件といえば渡良瀬川鉱毒事件がよく知られているが、歴史上に初めて登場する鉱毒事件といえば『日本書紀』の欽明《きんめい》天皇の五年（五四四）十二月の条りであろう。

「越国言《こしのくにまう》さく、佐渡嶋の北の御名部《みなべ》の碕岸《さき》に、粛慎人《みしはせのひと》有りて、一船舶《ひとふな》に乗りて淹留《とどま》る。春夏《はるなつ》捕魚《すなどり》して食《くらひもの》に充《あ》つ。彼《そ》の嶋の人、人に非《あら》ずと申す。亦鬼魅《またおに》なりと言《まう》して、敢て近つかず。（中略）是《ここ》に、粛慎人、瀬波河浦《せなかはのうら》に移り就《ゆ》く。浦の神厳忌《かみいちはや》し。人敢て近つかず。渇《みづにう》ゑて其の水を飲みて、死ぬる者半《なかば》に且《なんなんと》す。骨《かばね》、巌岫《いはほのくき》に積みたり。俗《くにひと》、粛慎隈《みしはせのくま》と呼《い》ふ」

喉の渇きに飲んだ水がもとで死者が出たといい、その死体が岩穴に累をなして積み上げられたと『日本書紀』は伝えている。

うまく使えば薬にもなり、度を過ぎれば毒になる。それが水銀。その水銀中毒に当てられた人夫たちがバタバタと倒れ、累々たる死者で、完成前から盧舎那仏はその霊を弔う羽目になったとかならんかったとか……。

ただしこの水銀中毒による正確な死者の数はいまもって不明。とはいえ、水銀の埋蔵が豊富だった丹生川流域の伊勢丹生村では大仏鍍金に具する水銀精錬で二千人もの村民が水銀中毒で死に絶え、廃村に追い込まれたといわれている。

このような悲惨な犠牲を払ってもなお続けられた鍍金事業は、開眼供養からさらに五年がついやされた。そのため聖武天皇は天平勝宝八年（七五六）五月に死没しているから、燦然と輝く黄金の盧舎那仏の完成をついに見ることはなかった。

## 三　薬子《くすこ》、色欲の果てに服毒死するのこと

長屋王を服毒自殺第一号とするなら、藤原薬子《くすこ》はその第二号といっていいだろう。ただし、服毒死に至った経緯は明らかにちがう。長屋王の場合は誣告され、身に覚えのない濡れ衣を着せられたうえに自害を強要された。これに対して薬子のケースは、色欲と権力欲から男をたぶらかし、国家の私物化を狙ったものの事が露見し、追い詰められた揚げ句の服毒自殺であった。

藤原薬子は平城《へいぜい》天皇の寵愛を受けていた。つまり二人は愛人関係にあったのだ。しかもこの関係ははなはだ尋常ではなかった。当節風にいえばダブル不倫だ。どちらも既婚の身であったからだ。おまけに薬子は、自分の娘を平城天皇の後宮《こうきゅう》に送っている、いわば天皇の義母ですらあったのだ。平城天皇は妻を顧みることなく薬子との情交に溺れ、薬子もまた夫や娘を裏切ってまでも天皇との濃密な不倫に身を焦がすのであった。

平城天皇と薬子との情交は、桓武《かんむ》天皇が死去したのを機にふたたび燃え盛ったものだったから、いわば焼け棒杭に火がついたようなものだ。平城天皇と薬子の関係は、平城天皇がまだ皇太子であった安殿親王《あてしんのう》の時代、春宮坊宣旨《とうぐうぼうせんじ》という立場で薬子が、親王の後宮を取り仕切るために仕えた、そのとき

までさかのぼる。

薬子はこの頃すでに藤原縄主《ただぬし》の妻として三男二女をもうけ、しかも娘を安殿親王に嫁がせている。にもかかわらずその娘をさしおいて薬子は安殿親王と肉体関係を重ね、性愛にふけっていた。男が母娘と肉体関係を結ぶことを俗に〝イモ串〟とたとえる。一本の串が二個のイモを同時に刺すからだ。

男女のスキャンダルに鷹揚な貴族たちも、この十歳もの年齢差のある二人の関係にはさすがに眉をひそめ、苦々しく見ていた。安殿親王の父、桓武天皇も同じだった。薬子を解任するとともに宮廷から追放した。これによって安殿親王と薬子の関係が一旦は切れた。

「おのれ、桓武天皇め……呪い殺してくれん」。薬子は夜叉のごとき怨念をいよいよたぎらせ、桓武天皇に呪詛をかけるのであった。長岡京の造営に力を注いだ父の藤原種継が殺され、そして今度は自分が安殿親王との関係を引き裂かれようとしている。桓武天皇の横暴に薬子のウラミツラミはほとんど極点に達していた。桓武天皇亡き後、積年の怨念を一気に爆発させ、復讐の鬼と化すのはそのためだが、そうなるまでにはなおまだ二十数年を待つことになる。

藤原種継《たねつぐ》は、仏教勢力の政治支配を断ち切るために平城京から長岡京に遷都する桓武天皇の信任を得て、長岡京造営に陣頭指揮を執っていた。ところが工事現場を視察中の延暦四年（七八五）九月、何者かの手によって種継は暗殺される。この経緯について『続日本紀』はこう述べている。

「乙卯、中納言《ちゆうなごん》正三位兼式部卿《しきぶきやう》藤原朝臣種継《たねつぐ》、賊《ぞく》に射《い》られて薨《こう》しぬ。丙辰、車駕《きよが》、平城《なら》より至りたまふ。大伴継人《つぐひと》、同じく竹良《ちくら》併せて党与《たうよ》数十人捕獲《とら》へて推鞫《すいきく》するに、並《ならび》に皆承伏《みなしようふく》す。法によりて推断して、或ひは斬《ざむ》し或ひは流す」

種継は翌日、自宅で息を引き取るが、大伴継人《つぐひと》および佐伯高成を主犯とする種継暗殺の理由について、今は亡き大伴家持の謀略が背後にあったことを両名は認めている。二人の自白を裏付けるものに、一緒に捕らえられた数十名が春宮坊の官人であったことだ。かつて家持は春宮坊の長官であった。継人は家持の遺志を継ぎ、種継を葬ったのち早良《さわら》親王を擁立して政権奪取をはかる計画だった。

じつは桓武天皇は、『続日本紀』からこの種継暗殺に関する記述の削除を命じていた。安殿親王が病弱なのは暗殺事件に連座した早良親王の怨霊が原因として、それを恐れた桓武天皇は鎮魂の意味で削除させたのだ。

そうでありながら『続日本紀』に暗殺の記述があるのは、父の種継が謀殺された事実関係が後世に伝わらないことは認めがたいとして薬子・仲成《なかなり》の妹兄が正史への記述を復活させたためだ。

動機はどうであれ、この復活記述があればこそ今こうして種継暗殺の真相を知ることができるのであり、結果として薬子の処置は賢明であったと評価していい。

ともあれ、信任厚く遇された父でありながら、信頼するその桓武天皇によって歴史からあやうく抹殺されんとする行為はまさに裏切りに等しく、薬子にとって断じて容認せざるものであったことは言うまでもない。そしてそこへもってきての安殿親王との断絶である。してみれば桓武天皇への憎悪、極点に達して当然であったかもしれない。

薬子のリベンジはまず藤原吉子《よしこ》、伊予親王母子を抹殺することで幕を開けた。

種継暗殺で長岡京造営は足踏み状態に陥り、完成は危ぶまれた。そのため和気清麻呂の意見を入れて長岡京を断念し、かわって平安京に遷都先を変更する。以来源頼朝が鎌倉に幕府を開くまでの約四百年間、我が国政治の中心はこの平安京にあった。そのためこの時期を平安時代といった。

父の遺業ともいうべき長岡京造営を継続するどころかあっさり断念し、次なる候補地を早々と決める。その桓武天皇の姿勢にも薬子は釈然としないものがあった。しかし憎むべき桓武天皇が死去し、世は安殿親王が第五十二代平城天皇に即位した。薬子にとって積年の怨念を晴らし、失われた地位と名誉を取り戻すには今、この時をおいてない。まずその手始めは、伊予親王を亡き者にすることだ。

薬子は藤原宗成に入れ知恵した。謀反を起こし、地位奪還を狙うよう伊予親王をそそのかせ、と。このことを、藤原雄友《おとも》は偶然耳にはさむ。そしてただちにこのことを藤原内麻呂に報告する。一方伊予親王も宗成の告げ口を平城天皇に伝えるのだった。

雄友は、桓武天皇の后である吉子の実兄。したがって伊予親王、平城天皇のオジにあたる。そのオジや伊予親王から相次いで報告を受けた平城天皇は当然宗成を呼び出し、言われていることが事実かどうかを質した。ところが宗成は、伊予親王こそ首謀者であると抗弁し、身の潔白を主張するのだった。平城天皇はまたしてもこれを信じ、百五十名の兵を動員して兄の伊予親王の邸宅を包囲し、母の吉子ともども身柄を拘束して大和国川原寺に幽閉する。そのため吉子・伊予母子はハンガーストライキでこれに抗議し、さらに、ついには毒をあおって憤死するのであった。

まずは目障りな吉子・伊予母子の除去に成功。薬子はほくそ笑み、次なる策略を早くもめぐらす。

平城天皇はひどく猜疑心の強い人物であったという。風病などの持病があり、もともと病弱だったから屈折した精神もそのようなところから発していたかもしれない。そのような彼の健康管理に抜擢されたのが薬子であった。「薬子」という名は、毒味役として要人のそば近くに侍るのが仕事。ついでに記しておけば、我が国の女医誕生は、元正天皇の養老六年（七二二）十一月、若くて優秀な女子三十名に産科、内・外科の医療教育を行い、人材養成にあたらせたのが始まり。

毒味役として長らく平城天皇のそば近くに仕えた薬子は、やがて男と女の関係へと発展する。天皇三十三歳。薬子四十七歳。今や男盛りというべき天皇に対して姥桜といってよい薬子。いくぶんしわだるんだその肉体も、けれど二男三女をもうけるなかで培った手練手管がカバーし、平城天皇をそそらせるのに不足はなかったらしい。かくして二人は宮中奥深く、閨房に籠もってひとしきりネットリとした、濃密な愛のひとときをすごすのだった。

平城天皇の在位はわずか三年足らずであった。大同四年（八〇九）四月、神野親王《かみのしんのう》（嵯峨《さが》天皇）に譲位すると宮中を離れて平安京中を転々とし、その数は、半年足らずのあいだで五ヵ所におよんだ。

このような奇矯な行動も居住が定まらないことからくるストレスが原因だったらしい。薬子にとって、平城上皇のこうしたエキセントリックな行動も、自らの野望を果たすにはむしろ好都合だった。上皇をそそのかし、旧都平城宮に兄の藤原仲成をはじめ藤原真夏《まなつ》、藤原葛野麻呂《かどのまろ》ら政府要人を平城宮に呼び戻すのもそのためだった。ここに嵯峨天皇の平安京に対し、平城上皇の平城宮という、いわゆる「二所朝廷」ができる。

政府要人のヘッドハンティングももちろん薬子の差し金。要人を引き抜けば嵯峨天皇の政治機能はたちまち麻痺し、権威は失墜する。その分、平城上皇の評価は高まり、人々の関心はこちら側に向く。さすれば、一旦は失いかけた勢力の回復はもちろん、上皇による院政も可能だ。幸い嵯峨天皇が病状悪化で政務に専念できずにいるから、薬子には追い風になった。だから薬子は断固たる決意で臨むのだった。政権奪取をはかるなら今をおいてない、と。

大同五年九月、平安京を廃止して都を平城京に遷すべしとの詔《みことのり》を、平城上皇は発した。すなわちこのことは、嵯峨天皇にかわって平城上皇が重祚《ちょうそ》をはかることを意味した。平安京の宮廷内はたちまち騒然とし、大納言藤原園人《そのひと》、中納言坂上田村麻呂ら重臣は密議をかさね、対策におおわらわだった。

重臣らは上皇の要求を拒否するとともに巨勢野足《こせのたり》らを伊勢、美濃、近江の三関に派遣してこれを封鎖し、上皇らの退路を遮断したうえで薬子・仲成の兄妹をただちに拘束する。

薬子は春宮坊宣旨の役職を解任されて宮中から追放。仲成は佐渡権守《ごんのかみ》（臨時に置かれた国司）として配流されることが告げられた。ところがあくまで不服従だったのは以外にも平城上皇だった。薬子らの操り人形と思われていた平城上皇だったが、最後の土壇場で意地を見せたからだ。嵯峨天皇の反撃に逆上した上皇は態勢を立て直し、巻き返しをはかるべく東国に向かう。

しかし坂上田村麻呂に行く手を阻止され、藤原仲成は矢に射たれて討ち死にし、平城上皇と薬子は平城京に押し戻されたのち上皇は剃髪して仏門に入り、薬子は毒を仰いで自決するのであった。

「おのれ憎っくき田村麻呂めっ」

憎悪と怨念に満ちた心をかきむしりながら悶絶した薬子。この時四十七歳であったと『続日本紀』は記している。

なお、後日譚として、上皇は「薬子の変」後、十五年の余生を送るが、後宮をことごとく退け、世事から一切離れて唯一、薬子の姪にあたる女性だけをいたわり、愛したという。おそらく上皇は、その女性に亡き薬子の面影を重ね、かつての愛の日々を追慕したのにちがいない。

第三章

# 諸行無常の下克上の世に毒殺が跋扈《ばっこ》［戦国編］

# 一　小栗判官満重冥界から復活のこと

地獄の底から蘇った小栗満重《みつしげ》は、毒酒をもって自分を密殺し、冥界へと突き落としてくれた横山大膳・三郎父子に対し、敢然とリベンジを開始するのだった。

「奸計にかけてわが財物を略取したのみならず、妻子を捨て、領地を投げ打ってまでも我と生死をともにせんとして付き従ってきた忠臣までも薬殺しおった。しかも許されざることは略取したわが財物で酒池肉林の享楽に耽り、驕慢このうえない振る舞いを行っているということだ。かくなるうえは、わが小栗家再興のためにも捨ておけん。誅殺してくれんっ」

かくして戦乱渦巻く下克上の、応永三十三年（一四二六）は春の盛りの三月、小栗判官満重をメーンキャストにサスペンスドラマは幕を開ける。

満重が毒酒を飲まされたのは、足利持氏《もちうじ》との戦いに敗れたため小栗一族の領主である小栗貞重を頼って三河国へ落ちのびようとしたその途中であった。

小栗満重は常陸国の小栗に城を築き、「扶持衆」のひとりとして室町幕府の庇護を受けていた。そのため反幕姿勢を取る鎌倉公方《くぼう》足利持氏には不快感を隠さなかった。したがって上杉禅秀《ぜんしゅう》から持氏打倒の書き付けが送られてくるやただちにこれに呼応する。

「狙うは持氏の首ぞ。おのおの手綱を取れいっ」

満重は檄を飛ばし、鎌倉に出陣した。

持氏は鎌倉公方として関東十カ国を治める立場にありながら、政務はもっぱら管領職の上杉禅秀にまかせっきりにし、遊興に耽っていた。禅秀はそうした持氏に眉をひそめ、しばしば諫《いさ》めもした。が却って疎《うと》まれ、疎外されるようにすらなる。そのうち、持氏のある近侍がささいなことを理由に讒言《ざんげん》したことから禅秀の家人の所領が没収されるという事態がおきた。

禅秀は家人の人柄などを説明し、領地の返還を持氏に説得した。しかし頑として聞き入れず、理解は得られなかった。ならば、ということで禅秀も病気と称して出仕を拒み、辞職願いを提出して持氏と決別した。

これを契機に禅秀は持氏打倒の軍事クーデターを画策する。禅秀はまず持氏の弟の持仲を抱き込む作戦に出た。さらに禅秀は京都の足利義嗣《よしつぐ》とも結託し、京都勢をも味方につけた。義嗣も将軍への野望を抱き、兄の持氏に対する敵愾心をたぎらせていた。かくして禅秀は東西両面から持氏を挟撃するというゲリラ戦を展開する。

禅秀の挙兵に小栗満重も参戦し、持氏の居館を急襲した。応永二十三年十月。世に言う「禅秀の乱」が勃発したのだ。

持氏を追放し、持仲を鎌倉公方に担ぎ上げた禅秀のこのクーデターは成功したかにみえた。けれど所詮は非合法政権。長く続きはしなかった。激高した室町幕府は「即刻、禅秀を召し捕れ」との命令を下し、駿河の今川範政らに出撃を命じる。激戦の末禅秀は鎌倉雪の下で自害し、果てた。

かくして禅秀の乱は挙兵からわずか三カ月足らずで幕を閉じ、禅秀の天下は呆気なく終わった。足利持氏は禅秀に加勢した残党狩りに容赦なかった。そのなかに小栗満重もいた。満重は領地の小栗に退却し、陣容を立て直すとなおも持氏に反撃を繰り返す。

「鎌倉公方の独断専横はとどまるところをしらん。かかる事態を看過するにはもはや限界。よって我らはここに決起して再度鎌倉に攻めのぼる所存」

やがて小栗山上にそびえ立つ小栗城からは鬨《とき》の声が高らかに響き、無数の旗さしものが翩翻《へんぽん》と翻るのであった。

「なんの小癪な田舎侍め。一気に捻り潰してくれんわ」

持氏も負けてはいない。自ら馬の手綱をとって結城城に入るとそこで陣頭指揮を執った。いかに難攻不落を誇る城とはいえ、八方から打ち寄せる敵の攻撃に日夜さらされれば反撃にも限界がある。挙兵からちょうど一年目の応永三十年八月、小栗城はついに落城。城内に最後まで立て籠もって奮戦した満重は、「もはや命運ここに尽きん」と悟り、腹をば掻っさばいて果てた。

これが一応史実上の小栗満重の生涯だ。ところが『鎌倉大草子』をみるとなお満重は生き延び、ひそかに三河国に逃亡し、途中の相模国で難に遭うとなっている。その『鎌倉大草子』にはこうある。

「今度小栗忍びて三州へ落ち行けり。その子小次郎はひそかに忍びて関東にあるけるが、相州権現堂といふところへ行けるをその辺の強盗ども集まりける処に宿をかりければ、主の申は、此の牢人は常州有徳仁の福者のよし聞。定て随身の宝あるべし。打殺して可取由談合す。乍去健なる家人どもあり。いかがせんといふ。一人の盗賊申すは、酒に毒を入れて呑ませ殺せといふ。もっともと同じ宿宿の遊女どもを集め、今様などうたはせをどりたはぶれかの小栗を馳走の躰にてもてなし酒をすすめける。その夜酌にたちけるてる姫という遊女、此間小栗にあひなれ此有様をすこししるけるにや。みづからもこの酒を不呑して有けるが、小栗をあはれみ此よしをささやきける間、小栗も呑やうにもてなし酒をさらにのまざりけり。家人共はこれを知らず。何も酔伏てけり。小栗はかりそめにも出るやうにて林の有間へ出てみければ、林の内に鹿毛なる馬をつなぎて置けり。此の馬は盗人ども海道中へ出大名の往来の馬を盗来たけれども、第一の荒馬にて人をも馬くいみければ、盗人ども不叶して林のうちにつなぎ置けり。小栗これを見てひそかに立帰り、財宝少々取り持ってかの馬に乗、鞭を進め落ち行ける。小栗は無双の馬乗にて片時の間、藤沢の道場へ馳行上人を頼ければ、上人あはれみ時衆二人付て三州へ被送。かの毒酒を呑みける家人ならびに遊女少々酔伏けるを河水へながし沈め財宝を尋取。小栗をも尋けれどもなかりけり。盗人どもはその夜分散す。酌にたちける遊女は酔ひたる体にもてなし伏せけれどももとより酒を呑まざりければ水にながれ行。川下よりはひ上がりたすかりけり。その後永享の此小栗三州より来て彼遊女を尋ね出し、種種のたからを与へ、盗どもを尋、みな誅伐しけり。その孫は代々三州に居住すといへり」

三河国へ向かう途中、相模国の権現堂にさしかかったところで小栗満重は家臣とともに宿を所望する。ところがそこは夜盗どもの巣窟。それを知らない満重は彼らの酒食、さらには遊女たちの歌や踊りにすっかり気を良くする。『家臣たちもこの思わぬ歓待に上機嫌になり、遊女のなまめかしい媚態にすっかり酔いしれた。しかし満重だけは酒を飲まず、舞だけを楽しんだ。

「この宿は盗賊のたまり場。しかも酒には毒が盛られておりますゆえ召されんことを」

満重に一目惚れした遊女の照姫はそっと耳打ちした。そのため満重は辛くも難を逃れ、虎口《ここう》を脱出するのだった。照姫も毒酒を呑んだ振りして家臣ともども川に流されたが、川下にたどり着いたところで息を吹き返す。

三河国にたどり着いた小栗満重は態勢を整え、軍馬を押し立てて夜盗討伐に相模国に入り、これを打ち取って復讐を果たすとともに、毒酒の危機から救ってくれた照姫を捜しあて、満重と照姫はやがてハッピーエンドとあいなるのだった。

『鎌倉大草子』を要約するとおおむねこうなる。しかし『艶道通鑑』(恋之下)をみると、主人公は満重ではなく、その子供の助重、家臣の数も四、五人の若党、盗賊のたまり場は横山屋という旅館、助重と照姫は一カ月近くも情交をかさねていたという筋立てに変わる。さらに説経節の『小栗判官』になるとその様相は一変する。小栗判官正清は京都鞍馬寺の毘沙門天の申し子として登場する。

小栗正清は父兼家がすすめる縁談をことごとく断り、理想の女性の出現を夢見ていた。その甲斐があって毘沙門天の参詣の帰途、まばゆいばかりの美女と巡り会い、たちまちのうちに恋に陥り、契りを交わすのだった。ところがこの美女、じつはみどろが池の蛇神の化身であった。そのことがやがて兼家に露見し、正清は遠く常陸国の小栗に流されてしまった。そのような彼のもとによろず屋の商人が京都からやってきて道中のことどもをおもしろおかしく語るのだった。

「ことに照手姫の美しさは絶品。相模武蔵の郡代をつとめる横山大膳の一人娘だが、その麗しさには胸が震えまする」

そう吹聴するものだから正清もそそられる思い次第に強まり、とうとう燃え盛らんばかりの恋心を縷々《る》したためた恋文を照手姫に届けるよう商人に託すのだ。

「できませぬ。かようなけがらわしい恋文など書き付ける殿方に返書をいたすなど」

小鼻をぷくっとふくらませながら、困惑顔を見せる照手姫だった。けれどその気丈さがますます正清の恋心に油を注ぐ。商人の説得で不承不承書いた返書も、正清の意をいよいよ強くする。

「かくなるうえは今宵こそ姫と愛を交わさん。よろず屋、案内致せ」

「し、しばらくお待ち下されい。いかに姫の承知はあれどまだ太夫様のお許しは得ておりませぬ」

「構わぬ。姫がよいと申すなら、他人がつべこべいう筋合いのものではあるまい」

正清の強引さに商人はとりなすすべを失い、ひそかに照手姫の部屋に正清を案内する。

「おぉ、まこと麗しきかな姫。そなたのような姫こそ私は待っておったのじゃ。早よう、早よう契りをば交わそうぞ」

会うが早いか正清はしゃぶりつくように照手姫の体を求め、その夜のうちに閨事を交わし、夫婦になった。

一人娘を手ごめにされたとあっては郡代としての面目が立たない。横山大膳は激怒し、小栗をたたっ斬ると息巻く。そうした父をそそのかすのに三郎の入れ知恵は効果てきめんだった。

「奴を殺すのに人の手を汚す必要はございますまい」

「なにか妙案でもあるのか……」

「蓬莱山の宴に彼を招き、酒に一服毒を盛る。さすればいかなる奴でもコロリ、お陀仏、間違いないかと……」

「なるほど。妙案だ」

横山父子の奸計を知らない小栗正清は十名の家臣を従えて酒の席に招かれる。

「およしなされ。あの父子には何か謀があってのこと。そなたの身にもしやのことがあってはわらわは生きて行けませぬ。何卒、思い止どまりませ」

「今宵はめでたい蓬莱山の祝宴。よもやそのような席で何事かもござるまい。しかも家臣どもも一緒じゃ。心配せず、帰りを待っておれ」

ところが照手姫の懸念は的中する。

「うぬぅぅ……謀りおったな大膳めっ。地獄の底で待っておるぞ」

杯を傾けた途端グラリ半身を大きくゆらし、幾度かのたうち廻ったあげく正清は苦悶で顔をゆがめ、やがて事切れた。さてはここで盛られた毒酒も鴆毒《ちんどく》であったか。

『小栗判官』ではこの後、土葬された正清は地獄に落ちたが、閻魔《えんま》大王の許しを得て熊野本宮を目指して歩き、そこの湯の峰の湯につかってようやく元の姿に復帰する。そして正清は相模国に戻り、横山父子への復讐に立ち向かうのだった。

「覚悟せよ大膳。首を洗って待っておれ三郎めっ」

正清はまず三郎を斬殺し、次いで大膳をも、と大刀を振りかぶったそこに照手姫が跪き、父の助命を願い出るのだった。

「それほどまでに申すなら命は取らん。しかし今後はよこしまな心を入れ替え、人の世に尽くせ。よいな」

正清も再びもとの常陸国に復帰し、照手姫とともに長者として末長く繁栄したというからまずはめでたしめでたし、だ。

## 二　足利尊氏《たかうじ》、弟の直義《ただよし》に鴆毒《ちんどく》を盛るのこと

因果応報、あるいは因果は巡るなどとよく言う。悪事を働いたそのツケは、やがて巡り巡って我が身に降りかかるということだ。してみると足利直義《ただよし》のケースはさしずめこの部類に入るといっていいだろう。なぜなら、鴆毒《ちんどく》を用いて憎い相手を次々と毒殺してきたそのツケは、ついには鴆毒を盛られて自分さえも毒殺される羽目に陥るからだ。

足利直義が毒殺される模様を『太平記』巻第三十の「慧源《えげん》禅門逝去ノ事」はこう書いているので、それをみてみよう。

「斯シ後ハ、高倉殿ニ付順ヒ奉ル侍ノ一人モナシ。籠ノ如クナル屋形ノ荒レテ久シキニ、警固ノ武士ヲ居ラレ。事ニ触レタル悲シミ耳ニ満チテ心ヲ傷マシメケレバ、今ハ憂世ノ中にテナガラヘテモ、ヨシヤ命モ何カハセント思フベキ。我身サヘ用無キ物ニ嘆キ給ヒケル」

そして観応三年（一三五二）二月二十六日、足利直義は、

「忽ニ死去シ給ヒケリ。俄ニ黄疸ト云テ病ニ犯サレ、墓無ク成セ給ヒケリト、外ニハ披露アリケレ共、実ニハ鴆毒ノ故ニ、逝去シ給ケルトゾササヤキケル。去々年ノ秋ハ師直、上杉ヲ亡シ、

去年ノ春ハ禅門、師直ヲ誅サセ、今年ノ春ハ禅門又怨敵ノ為ニ毒ヲ呑テ、失セ給ケルコト哀レナレ」

ここでいう慧源禅門とは直義のこと。直義は、諸国に安国寺利生塔《あんこくじりしょうとう》の建立を発願したり、兄の尊氏とともに天龍寺の創建に力を尽くしている。禅宗の帰依心強く、直義は夢想疎石《そせき》（国師《こくし》）との問答をまとめた『夢中問答《むちゅうもんどう》』三巻を上梓している。

そのような直義が、ならばなにゆえ毒殺されたのか。結論から先に言えば、「観応《かんのう》の擾乱《じょうらん》」に端を発する兄弟の相克であった。

時は南北朝時代前夜。十四歳で執権した北条高時《たかとき》。しかし高時に幕政を運営する力量はない。そのため力を蓄えた土豪たちの領地をめぐる小競り合いが各地で頻発し、幕府の権威は凋落の一途をたどっていた。

後醍醐《ごだいご》天皇はこのような情勢をとらえ倒幕へと打って出た。後醍醐天皇は畿内の武士団を糾合し、一気に倒幕へと動いたその矢先に事が露見し、反幕運動は不発に終わる。それればかりか逆に幕府の追及に遭い、それを逃れるため京都を脱出して吉野に潜伏するのだった。

後醍醐天皇が逃亡し、空席となった朝廷の後釜として幕府が据えたのが光厳《こうごん》天皇。かくしてここに後醍醐天皇の南朝に対して光厳天皇の北朝が出現し、以来南北両朝の統一が実現する明徳三年（一三九二）までの約六十年間、我が国史上まれなる二人の天皇が並び立つという、きわめて異常な時代を迎える。

二人の天皇が同時に出現した背後には、じつは皇位継承をめぐる両朝間の確執がひそんでいた。つまり亀山天皇の皇統を継ぐ大覚寺派と、これに対して後深草《ごふかくさ》上皇の皇統を引く持明院派の対立だ。そして後に前者は後醍醐天皇の南朝につらなり、後者は光厳天皇の北朝につらなる。

したがって後醍醐天皇の行動は、単に倒幕だけが目的ではなく、幕府が推す北朝を打倒し、南朝の正統性を確立するという狙いもあった。畿内の武士団を味方につけ、反幕に決起したのはそのためだ。後醍醐天皇のこの挙兵に河内国に勢力を持つ楠正成が馳せ参じ、幕府軍と激戦を展開するものの敗走。後醍醐天皇は壱岐島に流刑。

これで反幕運動は終息するかにみえたが、さにあらず。畿内の土豪を中心に倒幕分子の動きはますます活発化する。流刑地からの、後醍醐天皇の脱出はこれらの不平分子を一層鼓舞する。

そこで北条幕府は足利尊氏《たかうじ》に反幕派討伐を命じる。ところが北条執権の末路を嗅ぎ取った尊氏は倒幕派に寝返る。一方、北条方の御家人で上野国に根を張っていた新田義貞も反幕派につらなり、鎌倉に攻めのぼる。かくして北条一族はことごとく自害し、源頼朝が侍所を設けて以来約百五十年続いた鎌倉幕府は元弘三年（一三三三）、ついにその歴史を閉じる。

王政復古を悲願としていた後醍醐天皇は、ただちに天皇親政に着手。これが世に言う「建武中興」「建武新政」だ。しかしその政治スタイル、行政システムは鎌倉幕府のそれを敷衍《ふえん》したものにすぎず、復古政治を狙っていた後醍醐天皇のもくろみとは裏腹に、武家勢力の温存を許すことになる。したがってこのことが結局、この建武中興がわずか二年たらずで潰える原因にもなるのだ。

後醍醐天皇が実施した論功行賞の偏向に不満を抱く地方の武士団を味方に引き付けた足利尊氏は挙兵し、後醍醐天皇の廃位を断行。この勢いを駆って楠正成、新田義貞、護良親王《もりながしんのう》らをことごとく討ち取り、後醍醐天皇の南朝に対して光厳天皇を擁して北朝を立ち上げ、自らは征夷大将軍となって足利（室町）幕府を開く。

世にまれなる二人天皇の出現にいたるまでの歴史的背景をざっとおさらいしてきたが、足利尊氏が実権を掌握できたのは高師直《こうのもろなお》と実弟の直義という二人の功労者がいたからだ。高師直は、尊氏の挙兵とともに出陣し、楠正成との湊川の合戦、比叡山に立て籠もる後醍醐天皇に対する兵糧攻め、金崎城から反転攻勢に出んとする新田義貞追討など、重要な局面では常に先陣を切り、足利勢を勝利に導くのだった。

このようなかずかずの戦功は高師直・師泰兄弟の評価を高め、三河国、武蔵国の執事に取り立てられる。そのため尊氏をして『執事兄弟ナクテハ、誰カ天下ノ乱ヲ静ムル者有ベキ」（『太平記』）といわせるほどの信任を得るのだった。

一方、足利直義も、高師直に勝るとも劣らない武勲を立て、しかもそのうえ政務に通暁して尊氏をよく補佐し、これを遂行した。事実上の執行権を掌握していた直義が推進した政治体制は、一言でいえば鎌倉幕府にならい、司法・行政・立法・財務・人事のすべてを武家が執行し、それをもって全国を統一しようとする、強固な武家政治の再建であった。

直義《ただよし》の、これに対立したのが高師直。師直は地方の武士団の要求を入れつつ尊氏を中心とした新しい政治体制の確立を目指そうとしていた。もっともその背景には、自分たちが三河国および武蔵国の執事であるという立場が考慮されていたことはいうまでもない。つまり、直義の中央集権的政治体制の強化は、地方に勢力を張る自分たち土豪の発言力の低下につながるからだ。かくして両者はそれぞれの思惑や打算ともからめて激しく対立し、一触即発の状態にさえあった。

両雄並び立たず、とはこの両者を指すのかも知れない。

対立し、反目しながらも辛うじて均衡は保たれていた。それが崩れたのは師直の側近の上杉重能《しげよし》と禅僧の妙佶《みょうきつ》とが謀り、直義に、

「都に王ト云フ人のマシマシテ若干ノ所領ヲフサゲ、内裏、院ノ云フ所ノ有テ、馬ヨリ下リル六借サヲ。若王ナクテ叶フマジキ道理アラバ、木ヲ以テ造ルカ、金ヲ以テ鋳ルカシテ、生キタル院、国王ヲバ何方へモ皆流シ捨テ奉ラバヤ」

とうそぶき、朝廷への忠誠心も畏敬の念もない師直を今こそ討つべしと讒言し、これに直義が同調したことで崩れた。

両者の対立はほぼ決定的となり、ついには刃を交えることになる。師直は破竹の勢いで直義勢を窮地に追い詰めていった。そのため直義は執権を足利義詮《よしあきら》に譲り、自分は出家して政治の舞台から身を引く。ところがこれに承服しなかったのが直義の養子、足利直冬《ただふゆ》。彼は九州太宰府で兵を挙げ、高師直打倒を掲げる。さらに直義も動く。出家して一旦は俗世から離れたにもかかわらずまたもでしゃばってきたところをみると、どうやらまだまだ生臭さは抜け切れていなかったらしい。この変わり身の早さが無節操というのだろう。何やら昨今の政治家の姿に似ていなくもない。

無節操といえば尊氏も同じ。師直の要求を飲み、直義を政界から追放して弟を見殺しにしておきな

がら、師直が直冬に敗れて自害するのを見届けるや途端に態度を変えるといったさもしい根性なのだ。謀略、奸計、背信、裏切り……。乱世の世を生きんがためには権謀術数こそ常套。そこでは肉親の恩愛などといった情緒的なものはむしろ邪魔でさえあるのかも知れない。

直義と師直の抗争は、師直の死によって第一ラウンドが終了した。しかし終わりのゴングは始まりのゴングでもあった。今度は足利兄弟による第二ラウンドが開幕するからだ。兄の尊氏に対する直義の不信感は消えなかった。その一方で執権の義詮とも新たな対立が始まっていた。このような事態を打開するにはもはや一点突破しかないと判断した直義は、鎌倉に攻め込む。

直義の壊滅を目論む尊氏にとって、直義のこの鎌倉攻めはまたとないチャンス。直義追討の兵を出したのはいうまでもない。かくしてついに兄弟の相克は開始した。文和元年（一三五二）であった。戦いは、しかし尊氏の勝利で終わる。元号が元和に変わって間もない三月であった。そしてこの月の二十六日、直義は鴆毒《ちんどく》を呷《あお》って毒死する。直義の死によって「観応の擾乱」も鎮圧された。

ところで直義の毒死だが、ならば彼に鴆毒を飲ませたのは誰かということになる。結論からいえば、いまだ真犯人は解明されてないというのが実情。したがって尊氏自身ともいわれ、師直一派ともいわれ、はてはかつての直義の側近であった仁木頼章《よりあき》ともいい、諸説紛々として一定しない。

直義、享年四十六歳であった。おそらく彼は、膳に置かれた盃には鴆毒が盛られていること、すでに承知してたに違いない。なにしろ直義自身そのようにして鎌倉に幽閉した恒良《つねなが》親王、成良《なりなが》親王の兄弟に薬と偽って鴆毒を飲ませ、毒殺したのだから。

直義は粟原氏光に「密ニ鴆毒ヲ進テ失奉レ」（『太平記』）と命じ、氏光は薬の包みを親王に差し入れる。親王たちはその包みが鴆毒であることはすでに見抜いていた。まだ病気にもなってないうちからかような薬を差し入れてくることに疑問を感じたからだ。だから「是ハ定メテ病ヲ治スル薬ニハアラジ。タダ命ヲ縮メル毒ナルベシ」といって、成良親王は包みを破いて庭に投げ捨てようとする。けれど恒良親王はそれを止め、むしろ毒を呷いで早いところこの世とおさらばしたい、とすら言い出すのだ。以後毎日欠かさず鴆毒を飲み続け、恒良親王の身体はみるみるうちに蝕まれ、鴆毒を飲み始めてから八日目の夕暮れ、ひっそりと息を引き取る。これからさらに二十日後、成良親王も全身に黄疸を発症して息絶える。

二人の親王を毒殺した直義。この因果は巡り巡って己の身に降りかかり、鴆毒を盛られて自分も黄疸を発症後、絶命する。

ところで鴆毒とはいかなるものかというと、中国大陸に棲息する鴆という鳥の、毒を含んだ羽を酒に浸したものなのだそうだ。

ならば鴆という鳥とは何か。『和漢三才図会』はこう説明している。「蛇やトチの実を食べる」といい、「蛇が口に入るとただれ、その屎尿が石につくと石はみな黄色にただれる」といっている。『本草綱目』では、「鷹ニ似テ大キク、状ハ鴞ノ如ク、紫黒色タリ。嘴ハ赤ク、目ハ黒シ。頚ノ長サ七、八寸タリ。雄ヲ運日ト名ヅケ、雌ヲ陰諧ト名ヅク。運日鳴クトキハ晴レ、陰諧鳴ケバ雨フル」と記している。

さらに同書は、この鳥は中国の南方に棲み、孔雀に似て五色に輝き、背は高く、黒い首と赤いくちばしをもち、毒蛇を好むといっている。つまり鴆が毒なのは毒蛇を食べ、その毒が体内に蓄積されているためらしい。そのため鴆には羽にも肉にも毒があり、とくに酒に浸した羽を鴆酒といい、猛毒とされている。

『和漢三才図会』に描かれた、蛇をくわえている鴆の姿を見ると、鷹というよりむしろ嘴を短くした鶴ないし鷺に見えなくもない。もっとも鴆とはもともと想像上の鳥ゆえ、いかようにも描かれるものではある。

ともあれ、このような毒を用いて毒殺をはかった者に対して『養老律』の「盗賊律」第七の毒薬条は、「凡そ毒薬を以て人を薬せらむ、及び売らば絞。もし売り買ふて用せずは近流」としている。しかも毒とは鴆毒、冶葛《やづ》、烏頭《うず》、附子《ぶし》の類いとはっきり規定している。このような毒を用いて人をあやめれば絞首刑。使わないまでも、売買すれば島流しになるというから重罪だ。

じつはこの毒、刑罰の道具にも使われていたというから驚く。『和漢三才図会』は「天竺の四刑」のなかで、天竺には水・火・称・毒の四刑があるとして、たとえば毒については、毒を入れたヒツジの肉を食べさせ、曲がれるものはたちまち毒の反応が現れ、直るものは何の反応も示さない、のだそうだ。このようにして罪があるかないかを決めていたというのだから、犯人にされた者にとってはたまったものではなかったろう。

## 三　猛女富子、将軍義稙《よしたね》を毒殺にかけるのこと

足利義材《よしき》（永正十年義稙《よしたね》に改名）はまたも日野富子《とみこ》のたくらみにかかって危うく毒殺されるところであった。

またもといったのは、富子の執念の前に将軍継嗣の道を断たれた揚げ句、京の都からも追放されて美濃国に流され、失意のうちに没するという父の足利義視《よしみ》に付き従ったため、不遇の身を強いられたからだ。

義材が毒殺の罠にはめられたのは明応二年（一四九三）五月十五日だったというから、細川政元から伝家の宝刀と鎧の二品の譲渡を執拗に迫られたのをきっぱりと拒否したその九日後であった。興福寺の大僧正尋尊《じんそん》は『大乗院寺社雑事記《だいじょういんじしゃぞうじき》』に、義材の毒殺の経緯についてこのように書き留めている。

「将軍御所に御台の御方、毒薬を盛つた。それを知らずに義材は服毒してしまつたが、上原がいろいろ解毒の薬を調合したため無事にすむ。このとき、義材の食事を用意した膳部三人は逐電した。この三人が逃亡したのは御台所に命じられて義材に毒を盛つたからだ」

大僧正はさらに同月二十二日の日記でこうも書いている。

「将軍は去る六日の夕刻、食事に毒を盛られた」

また同月九日の日記では、「毒の害で御入滅されたのが去七日といふが、不思議、不思議」と述べている。

尋尊の日記から推測すると義材に対する毒殺の陰謀は数度にわたり、しかも執拗に繰り返されたらしい。ならば誰が、何の目的で義材毒殺を繰り返さなければならなかったのか。

義材暗殺に直接手を下したのは毒入りの膳を運んだ膳部三人衆であったろう。けれど彼らの考えだけでそのような大胆な行動はとれない。第一彼らに義材を殺さなければならない動機はない。してみれば、彼らを背後で操る黒幕がいるということか。ならばそれは誰か。日野富子であり細川政元《まさもと》だ。

この二人、義材憎しで利害が共通し、殺すに足りる理由も、共有していた。

まず、政元にとっての義材憎しとは、二品の譲渡を断られたことへの腹いせだ。

「かねて申し上げておりまする二品の儀、何卒義澄《よしずみ》様にすみやかなる御禅譲のほどを……」

「ならぬっ。何度参ろうともならぬものはならんのじゃ」

宝刀と鎧の二品を譲渡すればどうなるか、そのことをよく知っている義材は、政元の申し出を拒否する。

宝刀と鎧の二品は足利家伝来の家宝であるばかりではない、将軍の地位を象徴する意味もある。したがって二品の奉戴は将軍の正統性を証明し、それを失うことは将軍職からの退場を表明したことになる。

義材にとって将軍の座は、欲すれどついに叶わず、悔し涙を流さざるを得なかった父義視の無念さもこもっている。したがってたやすく明け渡すわけにはいかない。しかも政元には富子が背後から糸を引いていることを知っているだけに、なおさら承服しかねる。

富子には、父子ともども幾度となく煮え湯を飲まされ、そのたびにほぞを嚙む思いをした。足利義視《よしみ》は、六代将軍義教《よしのり》の第四子として生まれた。そのためこの時代の習いとして七代将軍を兄の義政に譲り、自分は出家した。ところが義政に男児がいなかったことから還俗し、八代将軍に就任するはずであった。

しかし運命とはいたずらなもの。幸か不幸か、義視の次期将軍就任が決定したその三日後の寛正六年（一四六五）十一月二十三日、義政の正室日野富子は義尚《よしひさ》を出産した。そのため富子は、将軍継嗣に際してたとえ男子が生まれても将軍は義視と厳命していた夫の義政に逆らって、義尚将軍の実現に奔走した。

この時代、家督相続をめぐって兄弟、親子、あるいは主従が対立し、血で血を洗う抗争は珍しくなかった。一族の長になるということはすなわち一族の領地、支配権、財産のすべてを握ることになり、権力の頂点に立つことになる。

次期将軍継嗣に義視を担ぎ上げる山名宗全《そうぜん》（持豊《もちとよ》）の西軍に対して東軍の細川勝元が富子と結託して義尚を担ぎ、京都市中を戦乱の坩堝《るつぼ》に陥れる。応仁元年（一四六七）五月、「応仁の乱」の勃発である。

京の都を戦場に、大乱はその後六年間も続くが、雌雄を決することなく文明五年（一四七三）三月に宗全が、続いて五月に勝元が逝去したため両軍和解し、自然消滅した。そしてこの年の十二月、義尚が元服し、九代将軍に着座する。これに対して西軍に担ぎ上げられた義視はというと大納言正二位の爵位を剝奪されたうえに伊勢、比叡山、さらには美濃国へと各地を逃亡し、零落した日々を送らなければならなかった。

そうした義視親子にとって義尚の死去は、再起をかけるにはまたとない好機。とりわけ義材は勇躍して京都に舞い戻った。次期将軍という甘い果実がようやく手の届くところにまで近づいたからだ。

しかしそのような義材の前にまたしても立ちはだかり、阻止しようとするものが現れた。細川勝元の子、政元であった。政元は、足利義政の弟であり義視の弟でもある足利政知の子清晃を次期将軍候補に擁立し、義材に対抗した。ところが期待した富子の支援が得られなかったこと、義政が将軍にカムバックして義視と富子の対立を解いたことなどで政元の思惑ははずれた。

延徳二年（一四九〇）一月、義政が逝去したことで義材は第十代将軍となる。このことをもっとも喜んだのは父義視であったろう。なにしろ幻におわった将軍の座。その無念さをわが子が晴らしてくれたのだから、さだめし感慨無量のものがあったに違いない。そのためもあってか、義材が将軍に就くと後見役として政治の表舞台に出た。

富子にしてみれば義視の復帰は愉快であろうはずがない。将軍の座をかけて激しい争奪戦を演じたかつての政敵に派手に立ち回られたのでは自尊心が許さなかった。夫の義政も死んだことであり、誰に憚ることなどあるものか。富子は義視父子抹殺で利害が一致した細川政元と手を組むのに躊躇はなかった。

義政は比較的権力には無頓着であったらしい。その証拠に、まだ隠居には早い二十八歳で将軍職を弟に譲ろうとしている。これに反して妻の富子は気性の激しい女性であった。ヤワな夫にほとんど愛想を尽かし、権力を追求し、財テクに走り、不倫もものとはしないという、まさに猛女としての貫禄十分であった。もっとも、逆にいえばそれだけ当時の時代風潮や社会常識に捕らわれない、自由闊達な女性であったといえなくもない。

ともあれ、義政の寵愛を受けていた側室の今参局を追放、義尚の将軍継嗣、義政との別居と後花園《ごはなぞの》天皇との不倫、そのうえ戦費に事欠く守護大名相手の高利貸し、コメ相場の投機、関所を設けての関税の徴収など、蓄財にも抜け目なかった。

そして時代は今また闇将軍として富子の登場を要求していた。清晃を擁立する細川政元の義材憎しに便乗し、政権奪取に野望をたぎらすのだ。

足利清晃擁立に一度は挫折した。それだけに義材憎しの執念は一層増幅される。義材が都を留守にしたその時こそ政元にとってこれほどのグッドタイミングはない。応仁の乱の平定で都は平和を取り戻した。けれど地方ではまだ内乱が続いている。そうした内乱の平定に義材は乗り出していた。その隙を衝いて政元は軍事クーデターに打って出たのだ。

「卑怯者ぞ政元……この恨み必ずや晴らさでおくべきか」

義材のこの絶叫も、勝者の政元にはただのアガキ、虚勢にしかきこえない。

「たわけめ。何が将軍ぞ。負けてしまえば将軍といえどもただの人だわさ」

はたして政元こううそぶいたかどうかは歴史書には出て来ないが、時代は実際地位や格式ではない、まさに実力あるものにこそ味方する。いかに栄耀栄華をきわめようと、一夜にしてその座から引きずり降ろされ、流浪の身をかこつこと、覚悟しなければならない。時代はまさしく諸行無常、定めなしであった。

足利義材もその例に漏れなかった。将軍の座を奪われ、おまけに生命の危機にさらされる。義材の処分をめぐって政元は富子と密談を交わしていたのだ。

「流刑という手もあるが」

「いや、この際、思い切って息の根を止めよ。生かしておけばいつまた我らを脅かすか知れぬ。争いの種は早くに消すに限る」

「しからば御台所様には何か妙案でも」

「刺客を送る手もあろう。だがわらわは刃傷は嫌いじゃ。それゆえ、血を見ぬやり方と言えば一つしかあるまい、政元殿」

「……一服盛る……と」

念を押す政元に、富子は薄く笑った。

毒殺のタイミングを図っていた政元は宝刀と鎧の二品の譲渡に応じないその時こそ、と思っていた。じっさい政元の譲渡要求にもかかわらず、義材は頑なにはねつけた。

「もはやこれまでじゃ」

政元は膳部三人衆を呼び付け、上原邸に幽閉している義材の食膳に「一服盛れ」と命じる。ところが政元と富子の共謀を事前に察知した義材はすんでのところで毒殺をまぬがれ、上原邸の囲みを蹴り破って北陸方面に脱出。彼の地の諸将に決起の檄をとばすと同時に九州勢にも上洛を促す。これに応じた豊後の大友義右が、決起を阻止する父政親に毒殺されるという悲劇が繰り返されたが、永正五年（一五〇八）七月、義材はついに上洛を果たし、かねて悲願の征夷大将軍に再度復帰した。政元の奸計によって将軍職を追われてからじつに十五年後の返り咲きであった。この間、政元は、清晃改め義澄を将軍に祭り上げ、自らは後見役となって院政を敷くのであった。しかし彼の野望もそれまで。勢力を盛り返した義材が上洛をうかがうその成り行きを見ながら永正四年四月、死去する。これより先、日野富子も明応五年（一四九六）五月、五十七歳で黄泉の人となっている。

義澄を退けた義材はその後名を義稙と改め、大永元年（一五二一）十二月にその職を解任されるまでの十三年間、将軍の座に君臨する。

## 四　毒殺と謀略でのし上がった松永久秀のこと

「飼い犬に手を咬まれる」というたとえは三好長慶《ながよし》や十四代将軍足利義栄《よしひで》のためにあるようなものだ。

敵がかならずしも敵にあらず。味方がかならずしも味方にあらず。ゆえに腹心またかならずしも忠義にあらず。戦国の世ならば統領、このことゆめゆめ忘れるべからず。ところがこの心得を迂闊にも忘れてしまったがために三好長慶は飼い犬に手を咬まれ、それが因であえなく死ぬのだった。

飼い犬の名は松永久秀といった。そしてこの飼い犬はいっそう凶暴性を帯び、三好長慶のみならずついには将軍義栄をも毒牙にかけて謀殺するのだからまさに狂犬だ。

じつは三好長慶も、もとはといえば飼い主に咬み付いたクチだ。主君の細川晴元《はるもと》を管領職から引きずり降ろし、自分がそれに取って代わるというしたたか者だ。

三好長慶は細川晴元の家臣三好長政と抗争を繰り返していた。長政との対立はすなわち晴元との対立でもある。長政との和議を申し入れるが、晴元がこれを拒否したため長慶は大軍をもって義藤《よしふじ》（後の将軍義輝《よしてる》）、晴元を近江の山奥の朽木谷《くつきだに》に追放するとともに管領職に就き、実権を握った。

立場は逆転し、今度は義藤、晴元らが白旗を掲げて和平を求める。長慶にとって義藤は将軍。晴元は主君。この和平案を拒否する理由はない。ただし晴元には条件を付けた。

「剃髪して恭順の意を示していただきたい」。出家し、心月一清と号した晴元だが、それで権力欲を捨て去ったわけでは、もちろんない。長慶打倒の怨念消し難く、捲土《けんど》重来《ちょうらい》を期すべく返り咲きをねらっていた。だから近江、若狭に走り、再起をはかるのだった。そして一年後の天文二十二年（一五五三）三月、晴元は蜂起し、三好長慶に再度戦いを挑む。

一方、義藤も、この時を待っていたかのように、長慶との和解を反故にして晴元と再び合流し、上洛をうかがうのだ。しかしまたしても長慶の大軍団の反撃に敗れ、尾羽うち枯らして朽木谷の山奥にようよう逃げ戻るしかなかった。

足利尊氏の開幕以来、管領として幕政を取り仕切ってきた名門の細川一族。けれど下克上の世にあって衰退の一途をたどり、今やかつての栄光は見る影もない。幾度か決起してはその都度撃退され、最後は従う将兵さえなく、ギブアップ。長慶の軍門に下って摂津国富庄にわずかな知行地を与えられ、五十年の生涯を閉じる。

主君を追い払って自分が管領の座に居座ったこの成り上がり者の三好長慶。しかし慢心は禁物。いつ何時自分がその憂き目にあうかわかったものではない。寝首を掻かんとする海千山千の野心家どもがゴロゴロしているのだ。わけても松永久秀には気を許してはなるまい。松永久秀の出自はいまひとつはっきりしない。阿波の生まれとも近江の生まれともいわれている。また西国の商人だった、京都西岡の斎院の下僕であったなどの説もある。いずれにしろ、武家の出でないことはたしかのようだ。

その久秀が長慶に仕えた経緯も、四国出身の長慶は京都の事情に暗く、これに精通する久秀を召し抱えたといわれているがこれも明確ではない。

とにかく謎の多い人物だが、長慶の忠実な家臣として従い、つねに主君を背後から支えた。戦場にあっては敵を果敢に攻め立て、政務にあってはこれをそつなくさばいた。寸分もすきなく、それでいてでしゃばることもない。

己を殺し、長慶の野望にひたすら貢献する。そのため長慶の信任は厚く、弾正忠から弾正弼、従四位下へと叙位任官を賜り、出世の道を着実に上り詰めていった。しかし警戒すべきはこのような人物。けっして本音を語ろうとしないからだ。

かくして自らの地位を着々と固め、ゆるぎないものとなった松永久秀。己の本領を試さんとする時節、いよいよ到来する。主君長慶を追い出し、その管領職を奪わんとする内乱を画策したのだ。このような場合、大体なら武力に訴える。そのほうが手っ取り早く、効果も大きい。が、失敗したときの反動も小さくない。久秀は知略をもってじわじわと長慶の身辺切り崩しの戦術をとったという点で、通例とは大きくちがう。

長慶には三好之康、十河一存、安宅冬康と三人の弟がいた。ところが永禄四年（一五六一）から三年たらずのうちに相次いで他界する。なかでも哀れなのは冬康。

「おそれながらお館様に申し上げますれば、冬康殿、何やら奸計をめぐらしておるとの由にございますゆえ、警護のほど、何卒ぬかりなきように……」

久秀の、これが讒言《ざんげん》とも知らず、長慶は真に受け止め、冬康に自害を命じたからだ。久秀は、まずこのようにして長慶の弟を葬ると、嫡男の義興《よしおき》を次なる標的にした。摂津芥川城において久秀は酒宴を催し、義興を厚くもてなした。

「義興様と申せば次期管領のきこえが高い大事なお方。今宵はその前祝い。何卒ゆるりとなされ、鋭気を養われんことを……」

慇懃《いんぎん》なところをみせる久秀。だが腹は別。喜怒哀楽をストレートに出さないところがこの男をいっそう不気味にさせている。それが戦国の世を生き抜くための処世術か、それとも生まれながらの性格か、それは知らない。

じっさいこの時も、義興に世辞をつかう一方で魔手を伸ばしていた。久秀は、義興近くに仕える男を買収し、成功した暁には多額の褒賞と地位を与えると言い含め、義興の食膳に毒薬を仕込ませるのだった。

出身が商人ともいうぐらいだから、賄賂や買収で相手を抱き込むのは得意であったろう。事実、彼の出世には公家衆への金品贈与、観劇への招待、宴席の接待など、汚職がらみも取り沙汰されている。

義興も毒殺した。これで長慶につらなる肉親は次々とこの世から消え、目論み通り、あとは長慶の発病を待つばかり。そのチャンスは早くも訪れた。肉親の相次ぐ他界は長慶にとって手足をもがれたも同然。みるみるうちに生気を失い、あれほど執着した政権欲にも関心をなくしていた。義興が死んだ翌年の永禄七年（一五六四）七月、四十三歳で没す。長慶も久秀に毒殺されたのでは、との噂は都人たちに久しく信じられた。長慶が飼い犬に咬まれたといわれるゆえんは、したがってここにある。

果たせるかな松永久秀、ついに実権を掌中に治めた。とはいうものの彼の野望はこれで達したわけではない。将軍義輝抹殺はまだ終わっていない。

氏素姓もわからない一介の男は自らの知謀と狡猾《こうかい》さでのし上がり、ついに幕政を支配する管領の地位に立った。残すは邪魔な義輝を葬り、自分の意のままに操れる将軍を据え、文字通り天下の覇者たらんとすることだ。

久秀は、二代将軍義澄の孫、義栄《よしひで》を押し立てて義輝に退位を迫った。むろん義輝はこれを拒否する。仇敵の長慶が死んだいま、敵は久秀だけ。彼を消せば政権復帰も夢ではない、という思惑が義輝にもあった。

両者の思惑の違いはいずれ激突を予想させる。都人はハラハラしながら事の成り行きを見守っていた。果たして永禄八年五月、三好政康《まさやす》、三好長逸《ながゆき》そして三好一族の岩成友通《いわなりともみち》らいわゆる三好三人衆と謀った久秀は二千の兵で京都二条の新館に夜襲をかけ、義輝暗殺に成功する。

この夜襲にも策士としての得意技を遺憾なく発揮している。まず石清水に参詣すると偽って兵馬を集めたこと、将軍義輝に「直接訴えたきことあり」との訴状を提出し、その扱いに幕府が逡巡しているあいだに御所を包囲したこと、御所の衛兵が帰宅し、手薄になった夜間に奇襲をかけたことなどだ。

久秀は矢を放ち、続いて銃弾を浴びせ、飛び道具を用いて敵勢をあらかた片付けたのち兵を邸内に突入させた。義輝はすでに死を覚悟し、最後の酒宴を張れば、細川隆足も最後にひとさし舞い、死での旅立ちに花を添えるのだった。

「謀りごとは武士にあらざるこころ。卑怯者ぞ、久秀」

塚原卜伝から一の太刀を伝授され、腕に覚えのある義輝は太刀を畳みに突き立て、それを取り替え引き替えしながら押し寄せる敵兵を切りさばく。しかしやがて力尽き、槍で足を払われ、よろめいたところに敵兵が一斉に躍りかかり、とどめの槍で息絶える。義輝三十歳。波乱の生涯であった。

一年のあいだに二人の飼い主をかみ殺したこの狂犬、久秀は、かねて宿願の足利義栄を十四代将軍に推挙する。

その久秀、こんどは三好三人衆を敵に回すことになる。この三好三人衆、長慶の存命中は彼に上洛を阻止され、それが久秀に接近する理由にもなり、義栄擁立でも一致した。しかし所詮両者は呉越同舟。三好三人衆が義栄抱き込みに先手を打てば、久秀も反撃に打って出た。

各地で久秀軍を攻略し、三好三人衆の優勢が伝えられていたからそのまま勝利するかに見えた。じじつ、堺の豪商らを仲介役にして久秀は停戦を求め、事実上敗北した。ところが混沌とした世情。昨日の敵も今日は友軍ということは珍しくない。三好義継が突如久秀に寝返ったことでにわかに形勢が逆転した。その後は三好勢をことごとく撃破し、敗走に追い込む。

三好三人衆の敗走から三カ月後の永禄十一年二月、義栄はようやく足利十四代将軍に就任。ただし実権はほとんど持たない傀儡将軍。幕政を仕切ったのは松永久秀だった。ここにいたって天下人に昇りつめた久秀。けれど昇りつめたものの宿命としてあとは転落あるのみ。前将軍の義輝の弟義秋（後の義昭）が織田信長の軍事力をたのみ、上洛をはかるやすかさずこれに道を開き、久秀は恭順をしめす。三好三人衆が敗走しながらもなお織田軍に抗戦し、武士としての面目を見せつけるのとは対照的に、戦況不利とみるやあっさり降伏する。このあたりにも出自が武士ではない久秀の計算高さがうかがえる。

義秋が信長とともに上洛するころ、義栄はおり悪く疔瘡《ちょうそう》なる腫瘍に苦しめられ、ほとんど手の施しようもない状態に陥っていた。

「上様にはさだめてお苦しみのことと存じまするが、薬師にはかさねて食薬の調達を申しつけてありますれば、じきご回復もあらんかと……」

日増しに衰弱し、やつれきった義栄の姿はだれの目にも余命いくばくもないこと明らか。にもかかわらず久秀は親切ごかしの言葉でなお忠義をよそおう。しかし衣の下に鎧、というのがこの男の常套。ここでまたもガブリとひと咬み、食らいつくのであった。久秀は鴆の羽を浸した酒、つまり鴆酒を義栄の枕辺に置き、

「性の根をつける薬にござります」

といって退座する。

足利義栄が薨去《こうきょ》したのはこれからいくばくもない、故郷阿波の平島にそこはかとない初冬の訪れを感じさせる永禄十一年（一五六八）十月、二十九歳であった。

## 五　石田三成、蒲生氏郷《がもううじさと》を密殺するのこと

東北の雄将会津九十二万石の領主蒲生氏郷《がもううじさと》が京都の蒲生邸で逝去したのは文禄四年（一五九五）二月であったから、豊臣秀吉が朝鮮出兵を命じてから四年後。勝ち目のない戦いに小西行長《ゆきなが》が明軍と和平交渉を重ねていた、ちょうどその頃であった。

死ぬ二年前の八月、氏郷は朝鮮出撃の援軍として名護屋《なごや》に出陣していただけに、朝鮮の戦局に心をかけながらの死であったにちがいない。氏郷はこう辞世の句を詠み、おしまれながら四十年の生涯を閉じた。

限りあれば／吹かねど花は散るものを／心短かき／春の山嵐

ところがこの辞世の句こそが氏郷の毒殺を暗示させるもの。そして毒殺の犯人は石田三成だという噂がたちまち人々の膾炙《かいしゃ》にのぼった。『武家盛衰記』は、三成が直江兼続《かねつぐ》と謀って瀬田掃部《かもん》の茶席に氏郷を招き、振る舞い酒に毒を盛ったのが死因と述べ、新井白石は『藩翰譜《はんかんふ》』のなかで、石田三成毒

殺説を肯定している。

「（氏郷の辞世の句——筆者注）といふ歌を仮初の筆ずさみのやうにぞ書きおける。是は去る天正十九年九月が戦ひの後、石田三成、都に帰りて、此の度氏郷が軍せし様を見るに、ただ人に侍らず。彼の軍勢の道を打つたること、七日引きも切らず、それに一人も軍法を犯すもの候はず。此の人、殿下の御為に二心を存ぜざらんには、かかる御固め、世にも又、あるべからず。能く心得させ給ふべき人なり、申せしかば。密かに毒を与えられしに依つて、忽ちに病に犯されて終に空しうなりけるを、かく思いつづけしとぞ聞こえける」

石田三成にとって、秀吉の懐刀としてかずかずの武功を立て、東北の地にありながら九十二万石となって毛利輝元、前田利家らと肩を並べる天下の三大領主に出世した蒲生氏郷は、脅威の存在であった。

「大閤亡き後、天下を乱すものがあるとすれば飛騨守めにほかならん」

氏郷は飛騨守に任官し、参議従三位に叙せられている。このように氏郷の評価が高まるに比例して三成の、氏郷脅威は増幅され、芽は早くに摘み取るにかぎるという念、しだいに強くなる。

氏郷の、武将としての筋はすでに幼少時代からのものだったらしい。氏郷は弘治二年（一五五六）に近江蒲生郡日野で生まれ、幼名を鶴千代といった。『蒲生氏郷記』で、稲葉伊予守がこう予言している。それは鶴千代がまだ十三歳のとき、父の賢秀と織田信長が夜も更けるのを忘れてさかんに武勇談義に興じているあいだ、「一心不乱ニ語ル人ノ口本守テ被居タル」ところを稲葉伊予守は見ていて、感嘆するのだった。

「蒲ガ子タダ者ニテハ有マジ。アレガ一定勝タル武勇ノ者ニテナラズンバ成者ハアラジ」

この十三歳というのは、じつは氏郷が北畠具教追討で伊勢大河内城を攻めるその初陣を飾った年齢でもあった。以来二十数年、彼は生涯一武将として戦場に立って陣頭指揮を執っていた。

だからといって武勇一辺倒の無骨者かというとけっしてそうではない。商才にも長けていた。近江日野に二十九年、伊勢松坂に六年、会津若松に五年と領地替えを繰り返すが、その先々で殖産振興を盛んにし、領国の経済発展、財政基盤の強化を図るのだった。

たとえば城下町の区画整理の徹底化等がそうだ。城に近いところから順に武家屋敷、商人町、職人町とし、さらに武家屋敷は郭内に置き、町屋は郭外に住まわせた。

氏郷はまた、商工業の奨励をはかるため商人の秩序、商売上のトラブル回避を目的とした日野町定条や松坂町条規などを制定する。もっとも、氏郷が商才に長けていたのはゆえなきことではない。生まれたところの近江日野といえば、近江八幡と並んで近江商人を輩出したところ。日野鉄砲を開発して火薬や弾丸の生産をすすめるいっぽう、日野売薬といって薬売りや漆塗りの日野膳椀などを背負って関東、北陸、陸奥などを行商している。

伊勢松坂の松ケ島城に転封してからも、氏郷の徳政を慕って日野商人が付き従い、財政面からバックアップする。それがやがて伊勢商人となって伊勢白粉の生産と流通に大きく貢献する。

ヒト、モノ、カネともに完璧な氏郷。おまけに祖先は平将門を成敗した俵藤太こと藤原秀郷を戴き、桓武天皇につらなるという毛並みのよさ。信長のきこえよく、初陣での大手柄に褒賞として信長は自分の娘冬姫を嫁がせるほどだ。氏郷の名をいよいよ不動のものにさせたのが本能寺の変で見せた彼の水際立った奮闘ぶりであった。信長が明智光秀のクーデターで自害したのは天正十年（一五八二）六月二日。

氏郷はただちに「手勢五百余騎引き具し、輿五十丁、鞍置きたる馬百匹、駄馬二百匹を従えて、其の夜、腰越まで馳せ」（『藩翰譜』）参じて本能寺から女たちを救出すると、軍を出して光秀討伐に向かわせた。

本能寺の変後、光秀は秀吉との山崎の戦いに敗れて近江の坂本を逃亡中、農兵に襲われて落命。首は本能寺に晒され、屍体は京都粟田口で磔にされた。これが一応史実だが、じつは光秀は生き延び、天海僧正となって徳川家康らに厚遇されたという説もある。ともあれ、氏郷の本能寺での鮮やかな行動に感服した秀吉は氏郷の妹とらを側室に迎える。とらは後に三条殿として長く秀吉の側に仕える。

信長から秀吉へと忠誠を誓う氏郷はトントン拍子に出世して転封するたびに石高が上がっていく。であればこれに嫉妬するものが現れて不思議はない。石田三成がそうであった。

石田三成は浅野長政、増田長盛らとともに五奉行のひとりとして天下統一をなし遂げた秀吉をよく補佐した。しかしそれだけに秀吉の政権基盤の脆弱さもよく見抜いていた。秀吉には子飼いの家臣といえるものは多くなかった。彼もまた下克上の申し子。一介の農民の小倅から身を起こし、信長亡き後天下の覇者となった。けれど幕府を開き、征夷大将軍にはついになれず、関白、大政大臣に終わった。しかも成り上がりだったため政務はもっぱら信長とのつながりが深い諸大名に負うところが大きかった。秀吉の政権基盤の脆さはこのような点に原因していた。

したがって秀吉亡き後、覇を競って再び天下は大いに乱れ、戦禍は絶えないこと、誰もが疑わなかった。わけても三成がおそれたのは蒲生氏郷の存在であった。氏郷密殺に三成の心は傾いた。氏郷はしばしば下血を繰り返すなど、健康状態はすこぶる悪かったらしい。そのため氏郷の余命いくばくもないこと、大方の大名は感じ取っていた。

朝鮮出兵の後続部隊を率いて名護屋に出張った氏郷は文禄二年八月、秀吉の帰洛に従う。そしてこの後に秀吉の仲介で氏郷は自分の娘を前田利家の次男利政に嫁がせている。

この直後の十一月、領地の会津若松に帰り、ひとときを過ごす。だが翌文禄三年一月には再び京都にもどる。秀吉の伏見城の完成を祝うためだ。続いて四月には氏郷の伏見邸も完成し、秀吉をはじめ在京の主だった大名を招いて宴を張っている。

下血の再発をこらえ、体調不良をおしてなおハードスケジュールをこなさなければならない氏郷。それが寿命を縮めたこと疑いない。果たしてこの年の秋には病状が一段と悪化し、伏せる日が多くなる。そのような氏郷の容体を気遣う秀吉は十二月、家康や利家に命じて九名の医師団を派遣して回復にあたらせている。

けれど時はすでにおそかったようだ。衰弱は激しく、予断は許さない。法眼正純は、「黄疸が出て首の肉もそげおちている。目の下、手足、腹にむくみがあり、このままむくみが引かなければ生命にかかわる」と診断し、曲直瀬道三《まなせどうさん》も、「十のうち九までは回復の見込みなし。残る一つは年が若く、食欲があること。だがそれもなくなり、気力が衰えたときこそ一大事」と見立てている。

九人もの医師団が派遣されたとなれば、当時としてはおそらく最高の医療が施されたにちがいない。

それにもかかわらず氏郷の回復はどうやら望むべくもなかったようだ。かくして文禄四年二月七日、蒲生氏郷四十年の生涯を京都伏見の自邸で終える。

氏郷が死去した同じ年の冬、遠く常陸国柿岡城主長倉義興《よしおき》は佐竹義宣《よしのぶ》に毒酒を飲まされていた。大酒のみの暴君であった義興は家臣にも疎まれ、義宣の不興を買っていた。毒酒が原因で義興は慶長五年（一六〇〇）四月に逝去した。

ところで氏郷を薬殺したとされる石田三成はこの後、五奉行という立場を活用してめきめきと頭角を現す。とくに秀吉が慶長三年八月に死去してからの動きは目覚ましい。法度であった私婚を破って家康が福島正則、伊達政宗らと婚姻をかわしたことに激怒して軍を差し向けようとしたこと、五奉行が文史派と武闘派に分裂すると文史派を結集して家康排斥を強行し、それがやがて天下分けめの関ヶ原合戦へと突入する。

慶長五年十月、敗軍の将となった石田三成は小西行長らとともに京都六条河原で斬首に処せられる。三成この時齢四十歳だったという。氏郷も密殺されたとき同じ年齢であった。単なる偶然とは思えないものを感じるが、どうだろう。

# 第四章　毒殺に塗り込められた徳川幕府二百六十年の歴史〔江戸編〕

# 一　徳川家康、豊臣家臣毒殺の風説絶えぬのこと

徳川家康にとって前田利家は目の上の瘤《こぶ》に等しかった。目障りなこと、この上なかったのだ。

邪魔者は早くに取り除くに限る。その前田利家が慶長四年（一五九九）三月二十一日早朝、大坂の前田屋敷で息を引き取ったのは、家康が病床にある利家を見舞った三月八日の、わずか二週間後であった。

前年八月には豊臣秀吉が六十三歳で死に、それからあらまし半年後に利家が死んだ。四年前には蒲生氏郷も死んでいる。氏郷は九十二万石を誇る陸奥一の大名。対して利家は百万石を誇る北陸随一の大名。それらが相次いで死去した。そのようなところにもってきて、すでに起請《きしょう》文など有名無実。その有効性など誰もが信じなくなっている。

秀吉は、自分が亡き後を見越して秀頼への忠誠を誓わせる起請文を各大名から取り付けていた。むろんこれに五奉行、五大老であった徳川家康、前田利家、石田三成、毛利輝元らはそろって誓書を提出している。

この誓書は秀吉の死後、再び五奉行、五大老の十名のあいだで交わされ、秀頼を補佐してよく政務

に励むことを確認している。しかし確認すること自体、誓書がすでに形骸化していることを意味している。単なる紳士協定にすぎないこと、誰もがわかっていた。だからこのうちから抜け駆けするものがあればたちまち均衡は崩れ、おびただしい血の抗争が再現されること、容易に想像できた。

抜け駆けをするものがいるとすればいったい誰か。それは家康、と利家はにらんでいた。そのため利家はそれを想定した遺言状を、家康が見舞いに訪れた直後、正室のまつに口述筆記させている。

十一カ条からなるこの遺言中、二カ条に家康の名が出てくる。これは、それだけ利家の、家康に対する懐疑心は強く、危惧すべき人物と見なした、心の現れであったろう。ついでゆえ家康に関する部分だけ抽出しておこう。

「金沢にある金銀諸道具はみな帳面に書いてあるから利長にゆずるが、死んでから三年間は加州へ帰ってはならん。そのうち家康との対立も解決されよう」

「長九郎左衛門、連竜と高山南坊すなわち切支丹大名で高槻城主であったが、秀吉の忌諱《きき》にふれ、茶人として利家の客分になっている高山右近は、他家に目もくれず余一人を守り、律義人だから隠居しても少しずつ茶代をつかわし、情けをかけよ。片山伊賀は身上よりもぜいたく者ゆえ成り行きでは謀反するやも知れず、うまいことといっても油断せず。徳山五兵衛は目をくれてやったが余にそむき、知人になっているときく。つまり家康に内通しているということだ。余が存命中はそむくことあるまいが、死ねばそむくゆえ、そのように処置しておけ。山崎長門は善き者。成政との戦いでも鳥越城をよく攻めた。だが片意地な武者ゆえ侍三十、四十の頭はつとまるものの一軍の将には向かん」

はたせるかな利家のこの予言、翌慶長五年七月、家康の関ヶ原合戦の挙兵で的中する。つまり和解もあるべしといった利家の期待に反して家康は起請文を反故にしたのみならず、こともあろうに秀頼に謀反を起こしたのだ。自分を毒殺し、そのうえ今また秀頼に反旗を翻す家康の恐るべき野望を冥界で知らなければならないとは、利家さだめし無念であったにちがいない。

臨終に際して利家は、愛刀の新藤五国光をつかみ、鞘をつけたまま胸に突き立て、何事か二、三絶叫して息絶えたという。老獪な家康が覇者たらんとするその姿を、あるいは呪わんとする利家最後の苦悶の絶叫であったかも知れない。『石明余史』は、利家の死をこう伝えている。

「生者必滅の時にいたりて、利家の急病をうけたまひ、たちまちにや苦しみ、血を吐き、卒然として逝去せらる。世人、これをもって毒殺の疑ひありといふも、その実知りがたしとて、利家に志し深かりしやから、ここに至りて、夜に灯を失ひたる心地してただ暗々然たり」

前田利家を消した。そして徳川家康は天下を取り、慶長八年二月、征夷大将軍に叙せられ、江戸幕府を開く。家康、この時六十二歳であった。

「しかしまだまだ安泰とはいえん。豊臣恩顧の家臣どもが蠢いておるかぎり余は枕を高うして眠れん」

豊臣恩顧の家臣とは、たとえば五奉行、五大老がそうだ。このうち前田利家、石田三成、小早川隆景、長束《なつか》正家《まさいえ》らはすでに世を去った。ただしまだ浅野長政、上杉景勝らは健在。このほか加藤清正、池田輝政ら有力な大名がおり、隠然たる勢力を保っている。

徳川政権を盤石なものにするためにはこれら諸侯の影響力を除去しなければならない。

「なにかよい手立てはないものか……」

先に利家を毒殺している。だから一度はそれも考えた。だがその後黒い風説が飛び交い、疑惑の目が自分に注がれた。であれば今またここで同じ手を使うのは得策ではない。家康は脳漿《のうしょう》をしぼった。

「畏れながら申し上げますれば、かような術なぞはいかがあらんかと……」

「苦しゅうない、申してみよ」

「饗宴と申して奴らを城内に招き、毒饅頭でも食らわして一網打尽にすれば……と」

家康は平岩主計頭のこの奇策に感じ入り、ニンマリとした。同意を得た平岩は一礼し、

「首尾よくご覧じますゆえ、上様には心安からんことを」

「吉報を待っておるぞ、主計」

はたして豊臣恩顧の家臣たちは二条城に参内《さんだい》し、将軍家康としたしく歓談する。このとき、かねての手筈通り平岩は茶受けに饅頭を奥女中に運ばせている。その饅頭には毒が盛られている。むろんそのようなこと露とも知らないから長政も清正も輝政も「うまい。じつにうまい饅頭じゃ」と褒めながらパクパク食べるのであった。

この様子を『摂津実録』はこう書いている。

「加藤、浅野、福島、池田たちは三成とは仇敵で争ったが、秀吉の恩はどうしても忘れられない。このままにしておいては徳川家にとってためにならないと平岩土計頭が家康に献策する。これら豊臣恩顧の家臣を二条城に招いて饗応し、毒殺すべしといふのだ。平岩が接待役になり、毒を盛り、自らもその毒を盛ったひとつを食した」

したがって浅野、加藤、池田は相次いで死に、平岩も清正が死んだ年の慶長十六年（一六一一）十二月、後を追うように死んだという。

『新東鑑』ではこうも書いている。

家康のねらいは秀頼であり、毒饅頭は彼に食わせるものであった。ところが清正は素早く機転を利かし、みだりに茶菓子は召されぬといってこれを制する。そこで家康は、「ならば貴殿はいかがじゃな?」といって、わざわざ自分で毒饅頭を摘まみ、清正の前に差し出したという。


家康の招きで清正が秀頼に供奉し、二条城に赴いたのは慶長十六年三月。じつはこれより先に清正は二条城に行って秀頼上洛の件について家康と協議していた。この結果、秀頼の上洛は実現したわけだが、『清正記』（巻三）には、清正が秀頼をともなって上洛する模様をこのように伝えている。

それによると、清正と秀頼は大坂から川舟を仕立てて淀川を溯り、京都に入る。この道々、家康より警護の使者が送られたり、船上での馳走が運ばれ、丁重なもてなしを受けた。清正、この時かちんの肩衣袴を着用し、伏見から二条城に入る。家康がじきじきに出迎え、饗宴の席では清正も相伴にあずかる。ひととき歓談し、暇乞いの際も家康は玄関までついてきて見送ったという。清正よく忠義を尽くし、初めから終わりまで秀頼、家康の対面をつつがなく相つとめた、と讃えている。

この直後、清正は領地の熊本城に帰るが、船中で発熱し、心身共に耗弱状態にあった。それにもかかわらず、清正の功績を称賛する家臣たちの歓迎につぐ歓迎に招き出される。それが体調悪化をさらに早める結果になったらしい。

二条城での饗宴から三カ月後の六月二十三日、清正は熱病にうなされつづけ、ついに不帰の人となる。享年五十歳であった。

清正の、この死に方のあっけなさ、あるいはこの直前の四月には浅野長政も六十五歳で死に、豊臣にゆかりのある家臣がバタバタと倒れている。これに不吉を感じ、不信を抱くのは当然であったろう。人々の、そして疑惑の目は家康にそそがれた。

家康の、豊臣恩顧の家臣狩りはなおもつづき、清正の死から二年後の慶長十八年一月には池田輝政を、同年八月には浅野幸長《よしなが》をそれぞれ抹殺する。

かくして家康は、かつての五奉行、五大老であった有力大名を次々と葬り、さらに六十歳に達してなお女色に衰えをみせず、房事をますますさかんにして二人の男児をもうけ、徳川政権をゆるぎないものに築き上げる。

だが、家康にしてからがそうであったように、徳川幕府二百六十年はまさに毒殺で塗り込められた歴史でもあった。

## 二　有馬晴信、貿易の既得権益をめぐって毒殺するのこと

慶長十七年（一六一二）三月、肥前島原日野江藩主有馬晴信に切腹が命じられ、配流先の甲斐国都留で斬首。やはり同月、本多正純の家臣岡本大八は駿府の阿倍川において火炙《ひあぶ》りの刑に処せられた。甲斐と駿河。場所が別々なら処刑の方法も日時もちがう。したがって単なる偶然か、というとさにあらず。両者のあいだにはちゃんとした共通点があったのだ。海外貿易での既得権益にからむイザコザだ。その辺りについて新井白石は『藩翰譜』でこう触れている。

「岡本大八といひし者、晴信に年頃相語らふ。ある時、密かに修理大夫に向ひて、去る年、和殿が阿瑪港《あまかわこう》の船沈めたまひしこと、大御所の御感浅からずしてその覚行はるべしと本多上野介に内々仰せありと伝へたまはる。所領の地など望みたまふところなきや、といふ。晴信大いに悦び、ただ今、鍋島が領するところ藤津、彼杵、杵島の三郡は有馬累代の伝領の地なり。しかるを鍋島が故主龍造寺がために奪はれたり。和殿のはからひにて上野介殿に申してこの由とりなしたまはりて、かの三郡を返したまひ候ばや、とぞのぞみける。程経て後、大八、一通の文書を晴信に見せ、これ、かの三郡を充て行はるる御教書の草案なり。大八ひそかに写し取りぬ。あなかしこ、人に

語りたまふな、といひしかば、晴信悦ぶこと大方ならず。およそこのほど、大八に贈りし黄金、白銀、綾羅、錦繍のたぐひ、いくらといふ数を知らず。大八、また晴信に向ひて、かの恩賞のこと、将軍家より仰せ下さるべき由。関東に仰せつかはされしところなり。急ぎ数の貨を関東の奉行頭人に賄ふて、ことの妨げなからんやうにはかり参らすべし、とて白銀六千両を乞ひ取りぬ」

徳川幕府発足から十数年。家康は内政面とともに外交にも積極的に取り組む。そのため海外との貿易はさかんになり、ヒト・モノ・カネ・情報の流通はいよいよ活発になる。従来のスペイン、ポルトガルの貿易に加えてイギリス、オランダなどにも門戸を拡大する。

むろん日本からも対外進出をはかった。堺商人の納谷助左衛門、松坂商人の角屋七郎兵衛《かどやしちろべえ》らはご朱印船を仕立てて遠くマレー半島、あるいはインドシナ方面に鉄鉱、工芸品などを輸出するとともに珍しい文物を輸入して帰ってくる。

ところが貿易のさかんに比例してトラブルも増加する。オランダは台湾を拠点にして日本、中国などとの貿易拡大をはかろうと割り込んできた。そのため台湾に既得権益をもつ日本は平戸駐在のオランダ高官と長崎奉行とのあいだに紛争がおこった。

また慶長十三年、マカオと貿易していた有馬晴信の商船とポルトガル船の船員同士が悶着を起こし、有馬側に死者を出すという事態も起きた。この両者の対立はさらに翌慶長十四年十二月にいたって深刻な局面を迎える。晴信は、一年前、自分が所有する船の船員が殺害されたその報復に、長崎港外に停泊するポルトガル船「マードレ・デ・デウス号」を焼き打ちし、撃沈させたのだ。

白石がいう阿瑪港の船沈めとはすなわちこのポルトガル船撃沈を指す。そして岡本大八のウソ八百、デッチ上げも、これから始まる。大八は、家康公はポルトガル船撃沈を称賛し、貴殿に対する領地加増の内示があったと偽ってまず晴信をよろこばせ、さらに、その証拠がこれだといって朱印状文書の写しを開いて信用させる。

「このことはけっして口外めさるな」

いかにも神妙な顔付きで大八は念を押す。こうまでいわれりゃ大概の者は信用してしまう。晴信もそうだった。だから、事態を有利にすすめる工作資金が必要といわれれば大枚六千両をポーンと気前よく差し出している。むろん晴信はこれより先に金、銀、そのほか貿易で手に入れた外国の珍品をせっせと貢ぎ、大八のご機嫌を取っている。

晴信は鶴首しながら大八からの朗報を今か今かと待っていた。ところが半年がすぎ、一年がすぎてもいっこうに沙汰がない。冷静に考えてみれば、あまりに話が出来過ぎていなくもない。

「彼奴め、騙しおったな」

晴信は、大八の主人である本多正純にことの子細を述べ、事実を確認した。正純はかぶりを振った。そのような話は承知していないということだ。これで、大八の話はデッチ上げ、嘘で固めた作り話であることがようやく晴信はわかった。慶長十七年二月、大八、晴信の両者は白黒をつけるため正純の目の前で直接対決し、そこで大八は、晴信に対する一連の話は自分が勝手に捏造《ねつぞう》したものであることを認め、掠《かす》め取った金、銀をネコババしたことも白状する。

かくして大八の悪事は露見し、彼は牢送り。晴信も謹慎が命じられた。もとはといえば領地奪還に色気を出したのがつまずきのもと。晴信にも責任の一端はある。

ともあれ、まずはこれで一件落着かに見えた。ところが事件はまたしても蒸し返されるのだった。というのは、大八は、じつは晴信の決定的な弱点を握っていたからだ。これを暴露すれば謹慎どころではすまない。減封、わるくすれば領地没収のうえ藩取り潰しという事態すら有り得る。大八は、それができるぐらいの事実を、晴信に対してもっていたのだ。どこまで執拗かつワルな男か……。

ならば晴信の弱点とはいかに。『藩翰譜』にはこうあるからそれを見てみよう。

「大八、獄中より、晴信日頃は長崎奉行職長谷川左兵衛尉を闇討ちすべき」

さらに『寛政重修諸家譜』にはこうある。

「三月十八日、また晴信長崎奉行長谷川左兵衛藤広を討つべきの企みありしよし。大八申訴へる」

晴信の長谷川左兵衛暗殺が大八の証言からはからずも発覚してしまった。ただちに幕府は事実関係について質した。だが晴信はこれに反論できず、ただ観念するのみであった。

これが家康を激怒させ、日野江藩の領地没収、晴信都留配流と相なり、やがて大八、晴信の運命は冒頭のごとき道をたどる。

ところで長谷川左兵衛の死因について『藩翰譜』も『寛政重修諸家譜』も誅殺とのみ伝え、具体的には何もいっていない。ただし人々は、晴信の毒殺と信じて疑わない。というのは、晴信と長谷川左兵衛とのあいだには貿易をめぐる利権がらみのいさかいが生じていたからだ。

長崎奉行の立場にあった長谷川左兵衛のもとには貿易業者や外国駐在員が頻繁に出入りし、業務上の便宜を求めていたこと想像に難くない。そのような場合、手ぶらでいくものなどほとんどあるまい。

飲ませ、抱かせ、つかませる……。接待攻勢はいわば当たり前であった。

キリシタン大名の有馬晴信は信仰を通して外国交易を有利に展開し、財政的にも潤っていた。けれどカネはいくらあっても邪魔にならない。海外交易をよりさかんにするためには長谷川左兵衛との関係は親密なほうがなにかと有利。晴信も接待漬けで左兵衛を懐柔する。左兵衛とて晴信の思惑は先刻お見通し。そのため要求を次第に釣り上げていく。ここで両者の利害はぶつかり、ついに晴信は左兵衛毒殺におよんだ、というのが巷の定説になった。

それにしてもげに恐ろしきは金欲。人生を狂わし、破滅に追いやる。まことくわばらくわばらじゃ……。

## 三　奸臣田沼意次《おきつぐ》、将軍父子を毒殺のこと

十代将軍家治《いえはる》は天明六年（一七八六）の春頃より水腫にとりつかれ、体調がすぐれなかった。夏場になるとそれがいっそう進行し、ほとんど臥せったままの状態だった。奥医師の大八木伝庵は治療に専念したものの、容易に回復の見込みは立たなかった。

田沼意次《おきつぐ》もこれを心配し、町医者の日向陶庵、若林順庵を江戸城奥医師に登用して治療にあたらせるのだった。

ところが快方に向かうどころかますます悪化し、そのまま息を引き取った。『徳川実記』によると、家治の死亡は九月八日となっている。けれど他の資料などを見ると八月二十日、八月二十五日、九月七日説などがあり、正確なところはいまもって不明なのだ。

将軍の死去した日がはっきりしない。

もっとも、豊臣秀吉や武田信玄がそうであったように、要人の死はただちに公表されず、ひた隠しにするという例はめずらしいことではない。もちろんそこには知られては困ることがあるからだ。してみれば、はっきりしてはまずいことが家治の死にもあったということか……。

そういえば、家治の死後、間もなくしてかような噂が奥女中のあいだから漏れたものだ。

「将軍家治様は御臨終の間際に大量に喀血なされ、全身にケイレンを起こされてもなお心丈夫になさって、『薬は毒薬じゃ。田沼っ輩に飲まされた』と絶叫なされ、そのまま息をお引き取りなされたそうな。なんとお痛わしゅう、なんと恨めしゅうことでござりましょう」

この噂は城内からやがて城外へと水輪のように拡大してゆく。そして人々は、七年前の惨劇が今また繰り返されたことにおぞけ立つのであった。

七年前の惨劇とは安永八年（一七七九）二月、世子《せいし》の家基《いえもと》が急死し、毒殺説が広まったことだ。家基は幼名を竹千代といった。側室のお知保に生ませた子だ。正室の倫子が生んだ二人の女子は早くに死んでいる。もう一人の阿呆の方がもうけた貞次郎も三カ月たらずの命だった。

よくよく世子に見放された家治だったが、そのようななかで竹千代だけはすくすくと成長し、文武にもすぐれて元服後は家基と名を改め、若殿様として次期将軍継嗣が約束されていた。むろん家治も、聡明な彼には大いに期待をかけていた。

それにもかかわらず家基は突如として急死する。趣味のひとつであった鷹狩りに新井宿に出掛けての帰り、にわかに体の不調を訴え、城内の奥医師の懸命な見立ての甲斐もなく、三日後には死ぬという呆気なさだった。

家基のこの突然の死には誰もが一様に驚いた。それもそうだろう。数日前まではかごに乗って鷹狩りに出掛けるという元気のよさであったのだ。いつとはなく、誰とはなく、家基毒殺説が江戸市中に飛び交った。しかも、田沼意次がその犯人、というおまけまでついて、だ。

「老中が町医者を抱き込んで一服盛ったんじゃねぇか」

「そうなんだよ。犯人は田沼意次っていはなしだからひでぇことしやがるよ、ったく……」

こういわれても仕方ないほど、田沼意次には毒殺の動機があった。家治亡き後の将軍継嗣問題に深くかかわっていたからだ。

田沼意次ほど毀誉褒貶《きよほうへん》の多い人物も少ない。そのため彼に対する評価は様々に割れ、一定しない。それは華麗さと零落のコントラストがあまりに際立ち、浮沈激しい人生をたどったからに違いない。

意次は享保四年（一七一九）、三百石取りの旗本の倅として生まれた。十五歳のとき御小姓《しょうせい》となって九代将軍家重《いえしげ》の側近として仕え、二千石に加増された。これを皮切りにトントン拍子に出世し、十代将軍家治の治世になると側用人として二万石、老中格となって二万五千石、そしてさらに老中へと昇進して三万石、六十六歳にいたってついに五万七千石の遠江相良藩主へと昇りつめる。

ただし意次の出世もここまで。家治が天明六年八月に死去すると二カ月後の十月には老中職を罷免されて蟄居、閉門が命じられ、五万七千石の所領はことごとく収公。天明八年六月、七十歳で死去するという、零落した晩年であった。

意次の人生の絶頂期は、財政再建をはかり、逼迫した幕府財政の立て直しをはかった安永から天明年間にあったろう。

意次の財政再建策をひとことでいえば重商主義。すなわち商工業をさかんにして流通経済の活性化をはかり、そこからの税収増をはかるというものになろう。

八代将軍吉宗は勧農政策をとってきたためコメは増産されたが米価は安定しなかった。市場のインフラ整備が後手に回ったからだ。この失敗から意次は商工業への軌道修正を痛感した。つまり従来の年貢を主体とした幕府財政から商工業からの税収へという政策転換だ。その一環として意次は、それまで幕府が統制や制限、あるいは独占していた市場を緩和し、広く商人の参入を認めた。当節風にいえば市場開放、規制緩和だ。

長崎貿易を改革し、金銀での支払いにかわって銅、俵物、昆布など現物に代える。銀、銅、朱、人参などは専売制にする。あるいは石炭、硫黄、油、香料などの専売権を商人に与えるかわりにそこから冥加金《みょうがきん》、運上金《うんじょうきん》などを徴収していった。さらには大坂に公営の貸金会所を設け、財政難に苦しむ大名に貸し出す計画もはかった。

手賀沼、印旛沼干拓では、財政難で中断していたのを鴻池善右衛門ら大坂の豪商二百五十名に資本参入させてこれを進めるといった、辣腕を発揮する。

田沼意次の経済政策は目覚ましく、幕府財政も次第に回復する。けれどこの一方で利権を求めて商人らの不正、賄賂が公然と行われるようにもなるのだった。

「金銀は人の命にも代え難いほど大事な宝」「賄賂こそ贈るその人の熱意の現れ」

こううそぶいてはばからぬ意次。したがって彼の出世はまさに〝斡旋〟と〝口利き〟でものにした、商人からの袖の下によるもの。幕府財政の立て直しも商人からのヤミ献金の賜物であったかも知れず、この腐敗構造は何やら現在の政界とも通じる。ともあれ意次の手口のあくどさから、彼には賄賂政治家、汚職大名という、あまりありがたくないレッテルが張られた。

意次の豪腕は財政改革だけではない。次期将軍のポスト争いでもしめされた。

言語障害。おまけに女色に見境のない暗愚な家重が五十歳で没し、家治が十代将軍を継承。けれど幕政はもっぱら意次にまかせていた。それは二十三歳という年齢による経験不足に加えて家重の、「余の死後も意次を重用せよ」との遺言に従ったためだ。けれどこの田沼重用が結果的に自分を窮地に追い込むことになる。むろんそれに気づくのは後のこと。したがってこの頃は将棋や絵画といった趣味に没頭する若殿様だった。

たかが三百石取りの幕臣の小倅から大名にのし上がったのだから、その勢い、まさに「生き馬の目を抜く」のたとえピッタリであったろう。意次のアクの強さ、押しの強さは並のものではなかった。だから意次は、家治の後継者である家基を毒殺すると一橋家の当主治済《はるさだ》を懐柔して嫡子豊千代（後の家斉《いえなり》）を家治の養子に迎え、将軍継嗣を画策する。

じつは治済にも、豊千代をぜひ将軍に、という思惑があった。家基を失ったことで幕閣は田安、一橋、清水の御三卿から候補者をしぼった。だが病気や早逝などで田安にも清水にも候補者がおらず、消去法の結果、一橋家の豊千代に白羽の矢が立った。

治済にとって、田安家に矢報いるには絶好のチャンスだ。御三卿を兄弟にたとえれば田安が長男、一橋が次男、清水が三男。したがって注目されるのはいつも長男格の田安家。一橋家は冷や飯ばかりを食わされている。いいとこ取りばかりをしている田安家に対する治斉の不平不満は当然増大する。やがてそれは憎悪へとエスカレートし、田安憎しと変貌する。治済は田沼意次に接近した。

意次といえば今や老中にあって幕政の中枢を牛耳っている。しかも幸いなのは、彼の弟の意誠は一橋家の家老。意次の権勢に治済は期待したのだ。

意次にしても治済との連携は渡りに船だった。将軍交替にともなう側近や幕閣の失脚は通例。そこで意次は考えた。治済と手を組み、豊千代を将軍に祭り上げるのが得策、と。自分のイキがかかったものが将軍になれば老中の座、まずは安泰。あわよくばさらに石高は上がって十万石以上の大大名も夢ではない。ここにおいて意次と治済との思惑は一致した。あとは家治の早死にを願えばよろしい。即効性があり、それでいて人に悟られずに殺害するにはなにがよいか。

「毒を一服盛ればよかろう……」

意次の脳裏には、家基ですでに試された毒殺が、またしてもひらめいた。意次は町医者の若林順庵らに二百石を与えて奥医師に召し抱え、家治の治療に当たらせていた。けれどついに回復の目処は立たず、やがて冒頭のような無残な姿で息絶える。家治、この時五十歳。奇しくも、父家重と同じ年齢であった。

意次もこの二年後の天明八年（一七八八）六月、七十歳で没す。晩節を汚し、いかに凋落した身とはいえ、田沼意次の死は良かれあしかれひとつの時代の終わりを人々に印象づけたにちがいない。

## 四　伊達兵部、幼君亀千代の毒殺を謀ること

江戸開幕から半世紀もたつと藩制も整備され、しだいに幕藩体制が強化されていく。それにつれて毒殺事件も様変わりしてゆく。

下克上の戦国時代における毒殺事件には天下取り、あるいは領地の防衛と攻撃といった大義名分があり、政治的、イデオロギー的側面が色濃くあった。ところが江戸時代も半世紀からたつとそのような側面は影を潜める。

既得権益がらみ、藩主や将軍継嗣といった権力闘争がらみ、痴情がらみなどなど私怨、私情、私欲などから毒殺は行使され、政治的、イデオロギー的濃度は薄らいでゆく。伊達騒動、越後騒動、加賀騒動、佐竹騒動など江戸時代初期に相次いで起きたいわゆる一連のお家騒動などは、その典型的なケースだ。

仙台藩四代目藩主亀千代（後の綱村《つなむら》）はわずか二歳。まだ赤子も同然だった。そのため伊達兵部《ひょうぶ》と田村右京《うきょう》が後見役としてこれを補佐した。けれど田村は病弱なため実質的には伊達兵部が藩内を

仕切っていた。

伊達兵部は藩祖政宗の末子。学識が豊か。才知に優れた切れ者だった。そのためなかなかの野心家。亀千代の補佐は、藩の実権を一手に握りたいとする野心を満足させる絶好の機会だった。そしてその手始めが幼君亀千代の毒殺。

「よいな。決してぬかるでないぞ。首尾よくはたした時には加増、しかと心得ておくゆえ……」

伊達兵部の指示にしたがい、奥典医の河野道円父子は亀千代の菓子に毒を盛り、幼い命を奪おうとした。寛文六年（一六六六）十一月のことだった。芝居の『先代萩』のこの場面では、大老の酒井忠清が毒菓子を贈ったことになっている。

亀千代はその毒菓子に手をつけず、結局河野道円の毒殺は失敗する。ただちに父子を打ち首に処し、伊達兵部は早々と口封じをしたことで事の露見を未然に防いだ。そもそもまだ年端もいかない亀千代を藩主に仕立てたこと自体兵部の陰謀だった。腹臣を使って三代藩主綱宗《つなむね》追放を画策したからだ。

万治元年（一六五八）九月、十九歳で藩主になった伊達綱宗は、二年後の二月、江戸小石川堀の土手改修ならびに浚渫《しゅんせつ》工事が幕府から申し渡された。藩は四万九百両の巨費を投じてこれを完成させるが、綱宗失脚はこの期間中に起こった。

綱宗は工事現場にも足を運び自ら陣頭指揮を執っていた。けれど現場からの帰り道には必ず吉原の遊里に立ち寄り、遊興三昧に耽るという困った若殿様でもあった。じつはこの悪所通いの味を伝授したのは伊達兵部の側近の坂本八郎左衛門であった。

伊達兵部からそうと命じられた坂本は綱宗をしきりと誘う。綱宗も嫌いなほうじゃないから酒色あ

さりは次第にエスカレートし、ついには遊女の薫（大槻如雲の『寛文秘録』では湯女《ゆな》の勝山《かつやま》といってい
る）の色香《いろか》に溺れ入れ揚げるしまつだった。当然家中の者は顔をしかめ、諫言《かんげん》もする。しかし所詮は
馬耳東風。自制するどころかご乱行、ますます過激になる。
「さればこれまで。かくなるうえはこちらから御公儀に訴え出るのも致し方ない」
伊達一門は連署して綱宗の隠居願いを幕府に訴え出た。兵部の思惑通りに事は進展している。やが
て綱宗は品川の下屋敷に蟄居し、ほとんど軟禁状態におかれる。綱宗にかわってわずか二歳の亀千代
が藩主に据えられた。
幼君の後見役という立場を悪用して藩政の壟断《ろうだん》をもくろむ伊達兵部は、腹臣や側近を重用して与党
を形成し、権勢強化をはかる一方、嫡男の宗興には幕閣のトップである酒井忠清の養女を娶らせて幕
閣との人脈形成にもこれつとめる。
かくして藩内の多数派工作に成功した兵部は、自分の野望を阻止するものの粛清に踏み切るのだっ
た。まず茂庭周防《もにわすおう》を失脚に追い込む。綱宗の遊蕩を見てみぬ振りをしたというのが失脚の理由。つづ
いて奥山大学《おくやまだいがく》も失脚する。藩の実権を握り、私腹を肥やすことに汲々としていたと伊達兵部は断じた
のだ。両名とも国家老。重臣として藩政の中核にいる。それを相次いで放逐したのだ。
伊達兵部はさらに伊東采女《いとううねめ》、伊東七十郎の失脚をはかるため、敢えて両名に屈辱を味わわせる行動
に出た。仙台に下った幕府目付の宴席で両名の席を下座に設けたのだ。家格を無視されたとして両名
は憤慨し、それまでの反感も手伝って兵部暗殺を企てた。が事前に発覚し、七十郎は斬首される。伊
達兵部の仮借ない反対勢力の弾圧で斬首、切腹に処せられたもの十七名を含む百二十名が処分された。

まさに粛清だ。

一連の血の粛清には、伊達兵部の右腕となっていた原田甲斐《かい》が暗躍していた。そして寛文八年（一六六八）、またしても亀千代毒殺事件が起きた。この時も事無きを得たが、二度までも毒殺未遂事件が起きたということで城中は騒然となり、犯人追及に躍起となった。

伊達兵部の独断専横は激烈さを増していよいよ頂点をきわめんとしていた。これに昂然と抵抗したのが伊達安芸《あき》であった。安芸は、同じく伊達一族の伊達式部とのあいだで知行地（草生地）の境界線をめぐって係争中だった。この裁定にあたったのが伊達兵部。彼は三分の二を式部、残りを安芸にそれぞれ与えるとして式部に有利な裁定を下した。

ところがここにも兵部のたくらみが仕組まれていた。兵部は、境界線の検地にあたった今村善太夫に手心を加え、安芸不利の検地を仕組んだのだ。これを知った安芸の怒るまいことか。藩家老に事の是非を訴えたが甲斐らの妨害で退けられる。そこで安芸は腹をくくった。ついに決断したのだ。

「かくなるうえは御公儀に直訴のほか術なし」

伊達安芸が、兵部がこれまでやってきたかずかずの独断的行為を二十五カ条にしたためた弾劾文を幕府に提出したのは寛文十年十一月であった。これを契機に、抗争は安芸対式部から安芸対兵部へとかわり、幕府での吟味がすすむにつれて伊達兵部の暗部が次々と暴かれてゆく。

私憤から発した安芸の行動は、幕府に直訴した段階で公憤へとかわった。それは、藩内の自助努力だけではもはや立ち行かないほど事態は混迷し、錯綜としている。このうえは公儀の裁定によってしか藩の正常化はのぞめない。直訴は、そのための止むに止まれぬ、ギリギリの選択であった。

この選択は、しかし一歩あやまれば藩の存亡にかかわる、まさに伊達藩六十二万石の命運がかかった、大バクチでもあった。お家騒動のはてに山形五十二万石藩主最上義俊は近江一万石に減封改易されたという事実を知らない安芸ではなかったからだ。

江戸での尋問に先立ち、安芸は石水和尚から戒名を授かったというが、これも藩取り潰しを覚悟してのことであったにちがいない。

寛文十一年三月、幕府の審議がいよいよ始まった。国家老の柴田外記《げき》、原田甲斐が事情聴取を受けた。これを皮切りに安芸、甲斐、外記、古内志摩に対する個別尋問が繰り返され、陪審員の幕閣は彼らの証言と事実関係をすり合わせながら、真相究明にあたった。

そうした矢先、裁判が行われた大老酒井忠清の大書院が血しぶきに染まるという、断末魔がくりひろげられた。

審議がすすむにつれて伊達兵部の壟断が次々と暴露され、甲斐の弁明も次第に窮地に追い込まれる。当然陪審員たちは藩内抗争の元凶は兵部、甲斐らにあるとの印象を強くする。これに危機感を抱いた甲斐は、採決のため別室に控えていた安芸めがけて突如抜刀し、袈裟がけに振りかぶったのだ。

「この期に及んで血迷ったかっ」

安芸の抵抗も、しかしここまで。もんどり打ってその場で絶命した。

原田甲斐は逆上したのだ。これを見ていた柴田外記が今度は甲斐を背後から切りかかる。「後ろからとは卑怯者め」

振り向きざまに外記の顔面を切り裂く。さらに蜂屋六左衛門が甲斐を背後から組みしだき、小刀で脇腹を一突き見舞う。

甲斐はなおも仁王立ちとなって六左衛門にも切り返し、そのまま悶絶。

大書院はたちまち血の海と化し、神聖なる裁判所は一転して修羅場と化した。

原田甲斐は死んだ。彼を右腕とたのむ伊達兵部にも当然嫌疑がおよんだ。家中仕置不行届で松平忠昌公預け、子の宗興は小笠原忠雄預けにそれぞれ処断された。ちなみに甲斐は、嫡男以下四男までが切腹。そのほか一族も処刑されて家名断絶と相なる。

藩主の後継問題で端を発したお家騒動。十数年にわたるスッタモンダのあげくようやく落着したが、権勢に酔う者、しかしついには権勢に自滅するという構図は伊達兵部とて例外にはしておかなかったようだ。

## 五　食道楽・絶倫父子毒死するのこと

尾張三代目藩主徳川綱誠《つななり》が元禄十三年（一七〇〇）六月、四十八歳で死んだ。その死因を尾張藩士朝日文左衛門は『鸚鵡籠中記《おうむろうちゅうき》』でこう書いている。

「御成御振廻に鴨めし丼饂飩《うんどん》及覆盆子《ふくぼんし》を沢山に被召上、御食傷の気味あり」

食うも食ったり鴨めしにうどんに覆盆子（草いちご）というのだからいやはやである。しかもおまけにその死因が食あたりによる中毒死というのだから何をかいわんやだ。

世子《せいし》の吉通《よしみち》が二十五歳という若さで正徳三年（一七一三）七月に急逝したとき、またしても市井の人々は「饅頭の食い過ぎじゃ」「饅頭の祟りじゃ」と揶揄し、父子二代の中毒死にあきれるやら嘆くやら、顔をしかめるのだった。

それもそうだろう。徳川御三家の尾張藩主とあろうものがバカ食いが原因で中毒死したというのだから、面目も何もあったものではない。

もっとも、綱誠に武士の作法や体面を要求してもどだい無理かもしれない。よく、三代目で身上が傾くといわれるが、それは、三代目ともなると先代の苦労を知らず、かえって身上の取り崩しにかかるからだ。綱誠もまったくその通りで、苦労知らずのボンボン。ばか丸出しの殿様だった。

それというのは先のような健啖家。そのうえおまけに精力絶倫、色情魔ときていたからだ。なにしろ囲いものにした側室十七人。はらませた子供は男二十二人。女十八人というのだから舌を巻く。ま、十一代将軍家斉《いえなり》にいたっては側室四十人。はらませた子供はなんと男二十八、女二十七、合計五十五人という超スグレものもいるから、綱誠などまだまだ精が足りないというべきだが。

ともあれ、その子供のうち吉通、継友、宗春らが後に藩主となるが、小言の絶えない家老の竹腰正武などは、綱誠の、あまりにさかんな房事を見かねて諫《いさ》めもするのだった。

「殿、ちと御伽《とぎ》がすぎまするぞ。御身のためにもお控え召され」

こんな意見ぐらいでやめるならとうにやめていただろう。老人のよまい言がまた始まったぐらいにしか聞かないから綱誠は山海の珍味をたらふく食いまくり、精力をつけてはまたもセックスにこれ励む。だが、さしもの絶倫家でもどうやら食あたりには勝てなかったらしい。食中毒がもとで呆気なく逝ってしまった。

十六歳の吉通が尾張四代目藩主に着任。だがこれまた父に勝るとも劣らぬほど食い意地の張った男。酒もあおれば饅頭も頬張る。とにかく口に入るものならなんでもほうり込むといった大食漢。だからすこしぐらい味が変であろうが、異臭を放っていようがいっこうにおかまいなし。

「美味じゃ。ううーん、じつに美味じゃ」

こう唸っては胃袋にどんどん送り込む。だからそれがかえっていけなかったらしいのだ。食った饅頭がもとで無様にも頓死する。

けれど単にこれだけのことなら同情は引くまい。むしろ自業自得。なんたるていたらく、囃し立てるにちがいない。吉通の死因は、じつは毒殺であったらしいというから人々の同情を引き、耳目を集めることにもなるのだ。朝日文左衛門は『鸚鵡籠中記』のなかで、吉通の死因に疑問を呈している。

吉通が死んだのは正徳三年（一七一三）七月二十六日。それにもかかわらず尾張藩の重臣は、「殿の容体すこぶるよろしい。したがって明後日には必ずやご登城つかまつる」と鳥居伊賀守に答えている。

鳥居は、吉通の容態を気遣う将軍家継《いえつぐ》の使者として市ケ谷の尾張邸に吉通を見舞うのだが、邸内には入れず、門前で先の説明を受け、帰城するのだった。

ところが鳥居と入れ替わるように、尾張藩家老の竹腰正武から老中秋元喬元に、「吉通様御指し詰まり」という届けがあった。つまり吉通が危篤状態に陥っているということだ。さらに、これを追うように、ふたたび竹腰は、「吉通公、即世されたし」との知らせを秋元喬元に届ける。

当然幕府は不信感を抱く。鳥居に対する説明と竹腰の届けが矛盾するからだ。そこで幕府は奥医の渋江正軒を尾張藩邸に派遣し、検死にあたらせた。このとき、主治医として吉通の治療にあたっていた大野芳安は、「上様はご頓死にあらせられる」と正軒に説明したという。

このことが吉通の死因をますます奇異なものにさせるのだった。頓死とは、急死だ。それを医者が口にするからには、言外に、「毒殺」の可能性もあり、と解釈できる。そのため正軒は慎重に検死する。

吉通の遺体はすでに異臭を放っている。検死者として当然正軒は事情説明を求めた。ところが大野芳安も側用人も、あたかも口裏を合わせたかのように、急死の一点張りであった。そのため正軒も、日頃の飲酒と饅頭の食い過ぎによる胃潰瘍、と家継には伝えるのであった。

疑問の差し挟む余地もないほどの、尾張藩の鮮やかな対応。けれどそれがかえって人々をいぶかしがらせるのだった。世間では毒殺の疑問、晴れなかった。というのは、吉通の臨終の場にいたのは吉通に目をかけられていた寵臣の守崎頼母とその妹で、吉通の側室であり三つ姫を産んでいる右京、そして医師の大野芳安、この三人だけ。余人の関与を一切排除していたというからだ。だから、家老の竹腰はおろか正室の輔姫ですら近づけず、対面したときにはすでに吉通は無残な遺体となっていた。

吉通の確かな死因を知る者は大野、守崎、右京のこの三人しかいない。これに加えて側近をことごとく排除したこと、幕府の使者に偽りの説明をしたこと、吉通を密室に閉じ込めたこと、死因が頓死であったこと——。

吉通毒殺説を流布するには舞台がそろいすぎている。

吉通の死後、嫡男で三歳の五郎太《ごろうた》が五代目藩主に就く。ところがわずか二カ月たらずの十月にこれまた急死する。医者の見立てによれば、驚風（小児の脳膜炎）ということだが、吉通の死がまだ記憶にあたらしいなかでの五郎太の急死。口さがない庶民は、

「またしても毒殺か」

と、眉をひそめるのだった。

## 六　立身出世の陰に毒殺の怨嗟渦巻くのこと

享保元年（一七一六）五月、徳川吉宗は八代将軍に着座した。

三十二歳。まさに男盛り。人生でもっとも脂の乗り切った年代であり、最良の時だ。しかも将軍継嗣《けいし》をめぐって激しいデッドヒートをくりひろげ、有力視されているライバルを次々と蹴落とした末に掴んだ栄光の座だ。吉宗には感激ひとしおのものがあったに違いない。けれどその栄光の背後には黒い影がつきまとう。栄光に一歩近づくごとに一人の怪死、頓死、変死が発見されるというホラーもどきの、じつにミステリアスな毒死事件が巻き起こるからだ。

ともあれ、部屋住みの四男坊。そのままいけば精々どこぞの藩に婿養子に出されるのが関の山。ところがひょんなことからついに天下の頂点に立ち、国家国民を睥睨《へいげい》する。ならばこの強運の男吉宗とはいったいいかなる人物か、という関心がここにわく。

貞享元年（一六八四）十月、二代目藩主徳川光貞《みつさだ》の四男として紀伊和歌山城下で生まれ、幼名を源六といった。母は由利といったが、もとの名はお紋。その出自は、医者の娘、大和の武家の娘、紀伊藩下士の娘など諸説あり、いまひとつはっきりしない。ただ、光貞の湯女役として入浴の世話などをするうち光貞にエッチされ、源六を身ごもる。

身分の低い、出身もわからない妾を母にもつうえ四男坊。藩主はおろか将軍など常識的にはなり得ようはずもない。しかしそれを成し遂げる。強運の持ち主といったゆえんはここにある。

最初のラッキーチャンスは十四歳のとき。光貞にともなって長男の綱教《つなのり》、三男（次男は早世していた）の頼職《よりもと》とともに将軍綱吉を拝謁し、越前丹生《にう》藩三万石の大名に取り立てられたことだ。ところが実質的には五千石程度の領地だったらしい。だから藩経営は代官にまかせ、彼はもっぱら紀伊にいた。

源六から新之助、頼方《よりかた》と名を改めたが、うだつの上がらない部屋住みの身にかわりはない。そうした頼方にふたたびチャンスが巡ってくる。父と兄の急死で藩主の座が転がり込んできたのだ。

宝永二年（一七〇五）五月、長男の綱教が逝去する。四十二歳であった。いかに人生五十年といわれた時代とはいえこれはいかにも早い。ところがこれより三カ月後の八月、今度は父の光貞が他界する。そしてさらにこの一カ月後、三男の頼職までが急死する。相次ぐ急死に腑に落ちないもの、誰もが感じよう。そのため頼職が、自分が重体に陥ったとき奥典医の急派を将軍に依頼していた。身の危険を直感していたのだ。けれど奥典医の井関正伯が江戸から紀伊に到着したときにはすでに頼職の息はなかった。

光貞は八十歳という高齢に加えて風邪をこじらせて体力も減退していたから死に疑問はないとしても、綱教の死は奇妙だ。五月の例祭である和歌山祭りを見物し、上機嫌であったにもかかわらず突然「体の塩梅すこぶるよからず」と訴え、床に伏すや、ほどなくして身まかるという呆気なさなのだ。

それ以上に理解に苦しむのは、江戸からわざわざ奥典医の来診を綱吉に依頼したことだ。藩にも当然お抱えの医者はいただろう。ところがそれを拒否している。ということは信頼できない何かが頼職にはあったからにちがいない。つまり薬の調合、あるいは薬餌《やくじ》に毒が仕組まれやしないかという懸念だ。

わずか四カ月間で二代目、三代目、四代目藩主が続けざまにバタバタと死ぬ。偶然というには謎が多い。人々は頼方に疑惑の目を向けはじめていた。

「頼方様は藩主の野望を抱いていた。だがまともな手段ではなれっこない。そこでトリカブトを使って密かに毒殺したのだ」

城下ではこうした話でもちきりだった。

宝永二年（一七〇五）十月、五代目紀伊藩主となり、名も吉宗と改める。

さて、兄たちの相次ぐ急死でタナボタ式に転がり込んできた藩主の座。吉宗はただちに藩財政の立て直しに着手。ご多分にもれず、紀伊藩も華美な風潮に堕して財政は極度に逼迫していた。

吉宗は自ら率先して質素倹約につとめると同時に人件費の削減をはかった。僧侶、小役人などの大量解雇を断行。その一方で精農家、節婦には褒賞を与え、やる気を起こさせている。新田開発、インフラ整備などにも力を注ぎ、農工商らの振興をはかった。就任から五年後の宝永七年には金十四万八百八十七両、十万六千四百石のコメ備蓄を達成し、藩財政を見事に立て直した。

吉宗の政治手腕は経済、文武、治安、文教などにも発揮され、着実に効果を上げていた。じじつ、宝永七年から正徳五年までの六年間、罪人はもちろん閉門などに追い込まれたものはひとりも出なかったという治安のよさだった。けれどその一方で、忍びの者、薬組といった軽輩の者を中心とした町廻横目を創設した。彼らはいわば治安部隊のようなもの。藩中のものや領民の言動、生活状況などの監視と情報収集にあたらせ、治安対策に万全を期していた。この町廻横目は、のちに「お庭番」となり、吉宗の手足となって暗躍する。これがまた、吉宗の負の部分でもあった。

将軍継嗣をめぐって尾張藩に怪死事件が起きた際も、この町廻横目の影がつらつくのだった。次期将軍の有力候補と思われた尾張藩四代目藩主吉通《よしみち》が急死した（第五項参照）。

新井白石、間部《まなべ》詮房《あきふさ》ら幕府の重役たちは、誰を次期将軍にするかで俄然錯綜とした。六代将軍家宣《いえのぶ》は正徳二年（一七一二）十月に死去。家宣には、正室の天英院に生ませた一男一女がいたが、いずれも早世し、側室の月光院が生んだ鍋松《なべまつ》だけが残った。鍋松は家宣の跡目を継ぎ、七代将軍家継《いえつぐ》となった。とはいうものの四年後の正徳六年四月、わずか七歳で死去する。

このような場合の備えとして御三家がある。とりわけ御三家のうちでも長男格の尾張徳川家から将軍候補を擁立するのが順序。ところがじつはこのころ尾張藩でも、紀伊藩で起こったと同様の怪死事件が続発し、ものものしい雰囲気に包まれていたのだ。次期将軍の筆頭候補であった吉通が頓死したからだ。

尾張藩では、三代目藩主の綱誠も奇妙な死に方をしていた。そしていままた吉通も二十五歳という若さで逝った。死因は饅頭による食中毒とも、胃潰瘍ではないかともいわれている。日頃から酒色におぼれ、ただれた生活をしていたから、とうとうヤキが回ったのかも知れない。

けれどそれにしても死に方には疑問がある。食事をとった直後に死んでいること、御典医がそばについていながら、その御典医は適切な手当てをした様子がないことなどなどだ。このことから吉通毒殺が城の内外にたちまち広がった。

変死はなおもつづいた。吉通亡き後、五代目藩主に三歳の五郎太《ごろうた》が就いた。父子が奇妙な死に方をとげ、幼君が藩主に就く。このあたりも紀伊藩とよくにている。その五郎太、就任してわずか三カ月で、またしても急死する。これで藩中が騒然とならないとしたらかえって不思議。疑心暗鬼にかられた家臣たちはいっそう浮足立ち、犯人捜しに躍起となった。疑惑の目は、そして吉宗およびその手先である町廻横目に向けられた。町廻横目といえば秘密情報機関であり、スパイ集団である。その彼らは、領内はもとより他藩の動向や情報を探索し、それを吉宗に逐一伝えるのが役目であった。当然尾張藩にも深く侵入し、藩の情勢を探っていた。ことに次期将軍と目されている吉通の動静には注視していたにちがいない。

将軍のみならず、その有力候補までもがバタバタと死んでいく。これに快哉《かいさい》をおぼえるものがいたとしたら誰か。いわずとしれた紀州藩主吉宗だ。家宣は、臨終に際して、家継亡き後は吉通が将軍に、と遺言していた。ところがその吉通が急死する。かくしてライバルはいなくなった。あとは将軍継嗣を伝える使者を待つばかり。

はたせるかな、急ぎ登城せよとの呼び出しを携えた使者が、赤坂の紀伊藩邸で弓の稽古中だった吉宗のもとに駆けつける。

城内ではすでに尾張徳川の継友《つぐとも》、水戸徳川綱條《つなえだ》のほか天英院および間部詮房が居並ぶ。その顔ぶれをみて吉宗は意を強くすること、いよいよだった。というのは、天英院は家宣の正室。その天英院には、自分が将軍になったあかつきには大奥対策を重視することを条件に天英院の内諾をとりつけている。家宣の側近である詮房にも、将軍就任後、よきブレーンとして引き続き力を貸してほしい旨をつたえ、彼の自尊心を満足させているからだ。結果は、そしてじじつその通りになった。享保元年（一七一六）五月、八代将軍吉宗成立。しかしこの栄光も、毒殺、謀略、暗殺といった、血で縁取られた栄光であること、まぎれもない事実だ。

## 七　藩主争奪戦に毒殺が乱舞するのこと

五代将軍綱吉は、「喧嘩両成敗」の建前にのっとり、越後高田二十六万石藩主松平光長（二代将軍秀忠の娘と前・福井藩主松平忠直との子）を所領没収のうえ伊予松山藩にお預けとした。

さらに騒動に関係した小栗美作《みまさか》・大六父子は切腹、永見《ながみ》大蔵《おおくら》と荻田主馬《しゅめ》は八丈島にそれぞれ流罪に処した。これによって越後高田藩は断絶し、延宝七年（一六七九）から二年あまりにわたって紛糾した「越後騒動」は終息した。

騒動の発端は、次期藩主と目されていた光長の嫡子綱賢《つなかた》が延宝二年に病死したそれを、永見大蔵は「病死にあらず。若君は美作の手によって毒殺されたのじゃ」

といって、小栗美作の毒殺説をさかんに喧伝しまくったところにはじまる。

藩主継嗣をめぐって、大蔵は自分たちを主家の「お為方《ためかた》」と名乗ってその正当性を主張するとともに、「逆意方《ぎゃくいかた》」というレッテルを張り付けて美作派一掃をはかった。

かくして大蔵・美作両派による激烈な世継ぎ争奪戦が演じられるのだが、光長には、綱賢以外に直系がいなかったことがそもそも紛争のタネだった。

綱賢が亡くなった翌年春、国家老の小栗美作、荻田主馬ら重臣たちは世継ぎ問題の討議をかさねた。そのとき候補者として永見大蔵、万徳丸《まんとくまる》、小栗大六、松平義行の四名の名が挙がった。

大蔵は光長の異母弟。万徳丸は、大蔵の兄である長頼の子。大六は美作の次男。松平義行は尾張藩主の次男であった。いずれも一長一短ありこれぞという決定的なものに欠けた。そのため消去法の結果、まずはじめに大蔵がしりぞけられる。五十歳という年齢がネックになったのだ。次に大六がパスされた。小栗父子の傲慢に反発し、大六を推す者がいなかったからだ。こうして最終的には万徳丸が次期藩主と決定した。

憤懣やるかたないのが大蔵。序列からいえば光長の異母弟である自分にこそ藩主の資格がある、との思い、強いからだ。「お為方」と称したのもそのためだ。大蔵は荻田主馬と結託し、美作追放を画策した。

光長が引退をほのめかしたのをとらえ、美作が子の大六を光長の養子に出し、藩主継嗣を有利に導こうと工作したそれが露見したため、大蔵をいっそう怒らせた。大蔵は光長に直談判し、美作を引退に追い込んだ。これで美作の出る幕を塞ぐことに成功した。

光長はこの間の経緯を幕府に説明し、その処遇を待つことにした。延宝七年（一六七九）一月。越後騒動の勃発だ。これから一カ月後、幕府に出頭を命じられた大蔵と主馬は老中酒井忠清《ただきよ》の下できびしい喚問をうけ、諸家お預けの身となった。それにもかかわらず美作にはお咎めなし。そのためこれを不当として酒井を槍玉に挙げるとともに「お為方」の藩士二百五十名が集団脱藩をはかるのだった。

騒動はますます混迷。泥沼化して収拾がつかない。幕府は家綱が没し、綱吉が五代将軍に就く。のちに「生類哀れみの令」をたびたび発令したことから〝暗愚の将軍〟などと揶揄された人物だ。

将軍交替で老中の実権は忠清から堀田正俊《まさとし》に移る。そこで「お為方」は堀田に裁定の再吟味を訴える。いまようにいえば再審請求といったところだ。綱吉はこの訴えを受理。しかも裁判長としてみずから裁決に臨む。

単なるお家騒動に将軍みずから裁判に臨むことじたい異例。その異例をあえて行おうというのだから、あるいはすでに結果は明白であったかもしれない。審理はわずか三十分。まさにスピード結審だ。そして案の定、裁決は冒頭に記した通りになった。すなわち「喧嘩両成敗」というものだ。延宝九年六月であった。

再審を認めたこと、そして「喧嘩両成敗」という判決をしめしたこと、それは酒井に対する綱吉の報復であったかも知れない。酒井は綱吉の将軍就任には最後まで抵抗し、有栖川宮幸仁皇子の将軍擁立を工作したほどだ。その皇子は光長の甥でもあった。

綱吉にとって酒井は宿怨の敵。であれば酒井がしめした採決が覆されること、はじめから明白であったかも知れない。酒井は、綱吉の出自を怪しみ、「八百屋の娘お玉の子供にちがいない」だの、黒鍬（土工）だのといってとかく軽蔑していた。

越後高田藩が世継ぎ問題でゴタゴタしていたちょうど同じころ、磐城平《いわきたいら》藩でも三代目藩主内藤義泰の継嗣にからむお家乗っ取り事件が勃発するという「小姓《こしょう》騒動」が起こった。

この騒動は延宝八年（一六八〇）三月、内藤義英の幽閉を発端とし、享保四年（一七一九）一月、紛争の首謀者松賀族之助・孝興父子が処断されて落着するまでの、じつに四十年にもおよぶお家騒動であった。

「小姓騒動」も、紛争の背後に毒殺が行使されたこと、そしてそれが首謀者に墓穴を掘らせる結果になったこと、越後騒動とほとんど同じパターンだった。

享保四年一月八日、松賀孝興は正月の慶賀のため登城し、六代目藩主内藤政樹に新春を言祝《ことほ》ぐのであった。

「若殿様におかれましてはますますのご成長あらせられんことを言祝ぐとともに、当藩の繁盛いよいよさかんなることまことに恐悦至極に存じまする」

こう申し述べると孝興は持参した菓子折りをうやうやしく献上するのだった。藩主とはいっても政樹はまだ十四歳。色気より食い気の若君だった。孝興が下城したあと政樹はさっそくフタを開け、ひとつつまんで口にほうり込もうとしたその直前、小姓が待ったをかけた。

「若君様、それは毒饅頭にございまするぞ。召されてはなりませぬ」

餡がたっぷり入った饅頭はいかにもうまそう。しかしよくよく見ると色といい臭いといいどこか変。機転をきかした別の小姓がいった。

「犬に食わしてみましょう」

あにはからんや。たちまち犬は口からアワを吹き出し、その場で頓死した。

「うぬっ……またしても松賀輩の仕業かっ。許せん」

政樹は、松賀族之助の奸計のゆえに父義英が監禁されるという屈辱的な事件に思いを馳せるのだった。

三代目藩主の義泰は「風虎」という俳号を持ち、花鳥風月にしたしむ趣味人だった。そのため藩政は家老の松賀族之助にまかせきっていた。これがかえって族之助を助長させることになる。信任厚いことをいいことに、悪のかぎりを尽くすからだ。その第一弾が、自分の妾を義泰の側室に差し出したことだ。

このとき妾は族之助の子ダネを身ごもっていた。それをひた隠しにして側室に差し出したのは、生まれたその子供を世継ぎにし、藩を乗っ取らんと族之助はたくらんだからだ。

自分の子供を次期藩主に——。この野望を果たすには嫡男義英の存在は目障り。義英を酒色で幻惑し、スキャンダルをネタに失脚をはかった。

しかしその前に、予期しないところから族之助に幸運が転がり込んできた。かねてから松賀に反感を抱く浅香十郎左衛門が松賀暗殺をはかったものの失敗し、逆に捕縛される。これぞタイムリーとみた松賀は、浅香の行動は、義孝を亡き者にし、その後釜を狙わんとする義英にそそのかされたもの。したがって義英こそ黒幕、と義泰に讒言《ざんげん》する。これをそっくり鵜呑みにした義泰は浅香を切腹、義英を禁固幽閉に処した。

藩政を専断せんものとする松賀族之助。当然これに反発するもの、少なくなかった。両者の暗闘は、篠崎友之助、大胡勝之進、山口岡之助ら九名の小姓衆が斬奸状を携え、松賀の腹心である山井八郎左衛門を斬殺したことでついに炸裂した。延宝八年四月、これがいわゆる「小姓騒動」の発端。

義英を幽閉した山井は、今度は義孝までも抹殺せんとたくらむ、と小姓衆は糾弾し、山井の邸宅に乱入した。だが彼らは逆にその場でただちに捕らえられ、松賀の命令でことごとく切腹させられる。まずはガス抜きもおわり、懸念された不満分子の拡大もなさそう。これにて藩内抗争は終止符を打つかにみえた。ところが世継ぎの相次ぐ逝去でまたまたお世継ぎ問題がぶり返す。族之助に代わって伜の孝興が暗躍する。

義泰は貞享二年（一六八五）に病没。本来なら世子の義英が後継者になるところだが、病弱なうえ、趣味の俳諧に没頭したいのを理由に十六歳年下で、異母弟の義孝にその座を譲った。

義孝の治世は二十七年ほどつづき、藩内もおおむね平穏に推移した。けれど正徳二年（一七一二）十二月、惜しまれながらも義孝は四十五歳で夭逝する。義孝の嫡男義稠《よししげ》が跡目を相続する。ところが六年後の享保三年五月に十九歳で死去する。

ここでまたもや跡目問題が浮上した。藩主が空位とあっては藩の存亡にかかわるというもの。早急に後継者を立てなければならない。しかし義稠に世子はいない。藩内はたちまち騒然となった。

「お世継ぎ様はおらぬか」「誰ぞ、世継ぎにふさわしいものはおらんのか」「金の下駄をはいてでも捜し出せ」

藩中のもの総出で跡目探しに奔走した。そこで候補にのぼったのが義英の嫡男豊松であった。義英は、山井の、奸計が発覚して暗殺されたことで身の潔白が証明されたため監禁から解かれた。それを機会に世事とは距離をおき、趣味の俳句にいそしんでいた。ところが再び政治の表舞台に立たざるを得なくなった。豊松改め政樹となり、六代目藩主に就任したとはいえまだ弱冠十四歳。義英は後見人としてサポートすることになるのだった。

藩主着任から数カ月後、早くも政樹の身に危機が迫っていた。松賀族之助の伜孝興が政樹の命を狙っていたからだ。孝興は、父が引退したのを受けて国家老となり、父にもまさる独断的政治を行っていた。用人の安藤三郎兵衛には知行を加増し、代官の島田理助には郡代を辞令して懐柔し、二人をして政樹を左右からあやつらせた。

「余は族之助の謀によって幽閉の身となり、今また政樹は、伜の孝興めの毒牙にかかるところ。われら父子は二度までも松賀一族に亡きものにされんとした。かくなるうえは相当の覚悟をもって処するほかはない」

義英はただちに松賀一族を捕縛し、きびしく尋問した。その結果、松賀一族の疑惑が次々と露見し、族之助・孝興は永蟄居。腹心の島田理助に切腹がそれぞれ申し渡された。

かくして松賀一族は断絶し、父子二代にわたった藩主乗っ取り事件もようやく落着した。

# 八　加賀百万石に天地鳴動するのこと

暮れも押し詰まり、江戸っ子たちも年の瀬をどのように越すか、そのやりくりで四苦八苦している最中の延享三年（一七四六）十二月、加賀七代目藩主前田宗辰《むねとき》が江戸府中の藩邸で急逝した。二十二歳。しかも父吉徳《よしのり》から家督を継いでまだ一年半たらずという、志なかばにしての死であった。

宗辰は秋ぐちあたりから体調がすぐれなかったらしく、待医の五十島貞庵に微熱を訴えていた。それが冬にはいり、寒さが次第にきびしくなるにつれてひどく咳き込み、肺炎をおこしては呼吸困難に陥っていたりもしていた。そのためみるみるうちに衰弱し、余命いくばくもないこと、誰の目にも明らかだった。

若くして亡くなったこと、悲劇的な死であったことなどが江戸っ子の涙をそそり、同情を誘った。そしてこの思いはやがて大槻伝蔵憎しへと向かうのだった。

「前田の殿様は大槻伝蔵に毒を飲まされた」「奸臣、大槻輩めに一服盛られた」――。じつは、先代の前田吉徳が延享二年六月、五十六歳で身まかったときも毒殺説が流布され、大槻犯人説がひそかに喧伝された。そのような記憶がまだ払拭されないなかでの宗辰の急死。今度ばかりは伝蔵も無事ではすまなかった。身柄を拘束され、五箇山《ごかやま》の祖山村の牢獄に監禁された。

大槻伝蔵が主君の毒殺を仕組んだ。けれどこれはただちに信じるわけにはいかない。というのは、伝蔵の栄達、藩主吉徳の寵愛を一身に受けていたことなどを妬み、嫉むもの、すくなくなかったからだ。

伝蔵はお弓持の足軽小頭の子として元禄十五年（一七〇二）一月一日に生まれ、朝元《ともかど》と名付けられた。軽輩の子ということもあって父七左衛門は彼を出家させるつもりで寺にあずけた。その彼が前田家に召し出されるのは享保元年（一七一六）四月、十五歳の時に五代目藩主綱紀《つなのり》に見いだされ、世子吉徳のお部屋付きとなる、そのときであった。

いわゆる茶坊主だが、朝元は、目元すずしく、いかにも利発そうな凛々しい少年であったらしい。かててくわえて雄弁。動作もキビキビしていて職務もよくこなす。そのため吉徳との同性愛関係が取り沙汰されたほどだ。

その吉徳、享保八年に六代目藩主に着座。と同時に朝元の信任いよいよ厚くなる。翌九年暮れ、名を大槻伝蔵と改め束髪して士分に列せられる。二十三歳であった。伝蔵の出世の第一歩はここからはじまる。

享保十一年十二月には十一両二人扶持のお居間坊主からいきなり新知百三十石取りに昇進。享保十九年には物頭並六百八十石、元文二年（一七三七）には組頭並千百八十石、さらに寛保元年（一七四一）には平士としては最上級の人持組を任じ、二千三百石、同年にはさらに石高が上積みされて三千八百石の大身にまで昇りつめる。

あれよあれよのこの出世に快哉をおくるものすくなくない。けれど大方は嫉妬と冷笑を向けていた。とくに前田八家といわれる前田土佐守直躬《なおみ》、本多安房守政昌ら門閥派は鼻白む思いで伝蔵をみていた。

「たかが茶坊主の成り上がり者めが……」「足軽の小倅が千石取りとは片腹痛い……」

異例ともいうべきこの出世も、伝蔵の斬新的な藩政改革が功を奏したればこその結果だ。伝蔵はまず人材登用を断行した。才知にあふれ、有能とみれば身分や家柄にとらわれることなく採用し、適材適所で臨んだ。

次に財政の引き締め、緊縮に着手する。百万石といわれ、名門の金看板を背負っているが、その実、財政は火の車。経費削減、歳出抑制は火急を要する課題であったのだ。

このほか河川改修、橋、道路などのインフラ整備を行い、新田開発、干拓事業などで農産物の増産化をはかった。財政は上向き、領内の産業も好転して活気が出て来た。伝蔵の行政手腕に喝采を惜しまないもの、すくなくなかった。

旧守派にしてみれば、しかしこれはけっして愉快なものではない。伝蔵の鼻をあかす、かっこうなスキャンダルはないか。前田土佐守は眼を皿にして伝蔵のアラ捜しに躍起となった。そしてつかんだのが、豪奢になれた伝蔵の放縦な私生活だ。

じじつ伝蔵は禄高が上がるにつれて謙虚さを失い、己の権勢に酔っていた。犀川のほとりに別邸を構え、吉徳をはじめ腹心を集めてはしばしば酒宴を挙げる。気に入った女性とみれば召し出し、拒む者は主君の命令と称して有無を言わせない。

前田土佐守は、吉徳の世子宗辰に伝蔵のこのような傲慢な姿勢を言挙げするのだった。

「伝蔵めは、おのが権勢をカサにきて、卑賤のもの、無知蒙昧なものまで登用し、いまやわが藩を壟断せんものとたくらむ。よって家中の風紀紊乱もはなはだしく、目に余るものがある。この先も、これを看過すれば末代までも禍根を残すこと、必定にござります」

土佐守は、本多安房守、青地藤太夫礼幹らとはかって伝蔵失脚を画策した。ことに性格が直情型の青地は伝蔵の行状を書状にしたため、宗辰に直訴するほどだった。

宗辰も、かねてから伝蔵の専横には一物を抱いていた。重病に陥った父吉徳に見舞いの使者を送ったが、それはおろか正室の、いよの方が遣わした使者さえ伝蔵は面会を拒否し、追い返している。そのようなところへもってきての青地の訴状。宗辰の意、いっそう強くさせた。

吉徳は五十六歳で死去。正室のいよの方が浄珠院と法名に変え、これにつづいて九人の側室も有髪の尼僧になった。お貞の方は真如院、おぬいの方は善良院というように。

正室には子が生まれなかった。そのため吉徳は側室に十男八女を生ませる。このうちとくにお貞の方とは交情を深くし、二男三女と、側室中もっとも多い子だねをもうける。

さて、吉徳の跡目を継いだ宗辰。大槻伝蔵の役職をことごとく剝奪し、奥向きから表向き出仕に降格した。さらにこれに追い打ちを加えるように、決定的ダメージを伝蔵に見舞うのだった。

「先君御病床中、御看護不行届の段、多年にわたる御恩情にもかかわらず忘恩の仕儀に及んだこと、不届きにつき蟄居を申しつける」

宗辰の意を受けた本多安房守はこう伝蔵に申し伝えた。延享三年七月、事実上の解任だ。

これで加賀藩の内紛は治まり、門閥派は安堵した。が、それもつかの間。またしても騒乱の火が噴出したのだ。しかも宗辰の死は毒殺であったとして死因に疑問が持たれていたなかでの重熙《しげひろ》毒殺である。加賀藩創始以来の危機に直面し、家臣一同驚天動地におののくのだった。

藩主についてわずか一年半。宗辰は二十二歳の若さで逝去。腹痛を訴え、嘔吐も激しく、淡水を一升ほども吐いた揚げ句、絶命したという。その尋常ならざらん死にかたに「伝蔵毒殺」がささやかれた。そのため宗辰の一周忌法要後の寛延元年（一七四八）四月、伝蔵は越中五箇山の獄舎に幽閉される。伝蔵の凋落、ついに極まれり、である。

当方は某雑誌の取材で富山県福光町に行ったついでに五箇山まで足を延ばし、大槻伝蔵が押し込まれた流刑小屋があった場所を尋ねた。現在そこには「大槻伝蔵の碑」と刻んだ石碑が建っている。いまでこそ道路は舗装され、車で簡単に行ける。しかし今からおよそ二百五十年もまえのそこは切り立った山に四方をさえぎられ、人里離れた、まさに荒涼たる流刑の地であったにちがいない。

伝蔵が幽閉された牢獄は九尺四方、高さ七尺ばかりの檻のような小屋。わずかに椀の出し入れの穴と小さな明かり取りの窓があるだけだったという。少しはなれたところに監視小屋があり、村の百姓二人が牢番をしていた。

自害した伝蔵の遺骸は桶に入れられて塩漬けにされたのち、埋められたという。その場所は現在「大槻岩」が置かれているところで、前出の石碑から三百メートルほど離れたところにある。

伝蔵が流罪になった二カ月後の同年六月、またしても不可解な事件が加賀藩をゆるがす。今度は、金沢にかわって舞台は江戸本郷の上屋敷奥御殿だった。宗辰の跡を継いだ藩主の重熙と浄珠院を狙った毒殺事件が発覚したのだ。浄珠院の身の回りを世話するお菊という女中が茶釜のお湯を毒味したところ、鼻をつくような異臭に気づく。このことを浄珠院に告げ、浄珠院から奥典医の中村正白に伝えられてお湯を吟味した。むろん中村が見てもお湯の状態は同じ。

浄珠院たちは口外しないことをしめしあわせ、しばらく様子を見守ることにした。それからかれこれ十日ばかりのち、奥向きで能の舞が催された。このとき、真如院の女中をつとめる浅尾が台所から今しがた出てきたところを年寄女中の森田が発見。不審におもった森田はさっそく茶釜の湯を調べる。するとどうだろう、前回と同じ異臭を放っているではなかったか。急いで奥典医の中村を呼び、詳しく吟味させた。まごうかたなき毒が盛られていた。ただちに浅尾を捕らえ、きびしい追及がはじまった。

「真如院様に頼まれ、浄珠院様と重熙様を殺そうと、茶釜に毒をいれたのです」

自白すると浅尾ははげしく泣き崩れた。真如院の追及がはじまった。だが、もとより身に覚えのないこと。真如院は一貫して毒殺を否定し、無実を訴える。ところが真如院の寝床から、伝蔵から送られた封書が発見され、密通の疑いがかけられるのだった。

ここでも真如院は密通ではないと弁明するが、何がなんでも伝蔵、真如院追放を狙う門閥派は、白を黒といいくるめてまでも、ここぞとばかりに処断の手をゆるめない。

真如院親子は終身禁固。しかし真如院は伝蔵の後を追うように、寛延二年二月、家中の者の手を借り、みずから首を絞めて縊死。これより半年ほど前の寛延元年九月、伝蔵は流刑先で自決し、いのちを絶っていた。

吉徳の死から九年後、加賀藩をゆるがしたいわゆる「加賀騒動」は、大槻伝蔵と真如院両名の死によってようやく終息した。しかしこの間、五人もの藩主が入れ替わるという前代未聞の事態が加賀藩には起きていた。

## 九　佐竹家後嗣と銀札疑獄で若殿頓死のこと

秋田（久保田）藩二十万五十八百石六代目藩主佐竹義真《よしまさ》は宝暦三年（一七五三）八月、二十二歳で死去した。若き城主の急死に藩内はにわかに色めきだった。あらぬ噂が城の内外にひろまり、流言飛語が飛び交った。

「若殿様は毒殺されたのだ」「若殿は銀札に反対しておられた。そのため推進派に毒を盛られたのだ」――。

二十二歳という若さで病死は考えにくいこと、寛延二年（一七四九）十月に藩主に着任してわずか四年たらずであったこと、銀札発行には最後まで反対していたことなどなど。このような点から総合判断すると、人々には義真急死は合理性に欠け、あまりに不自然と映ったのだ。

橋本宗彦もそのひとりであった。だから彼は『秋田沿革史大成』のなかで、義真の急死に疑問を呈し、次のように記している。

「義真公ハ八月十七日頃例ナラズ側医赤田玄仙薬服セシモ効ナク。故ニ畑道英（表医）ヲ同二十日日暮レニ登城セシメ拝診其苦痛甚シ。君公ハ道英ニ助ケテクレヨトノ一言。実ニ同医ノ胆ニ徹シタリ。又玄仙ニ其存慮ヲ問フヲ達セントスルモ玄仙ハ其ノ席ハ立去ル。然ルニ終ニ病差迫リ逝去セラル。此ニ於テ御側方其他御家人中何レモ其急症ヲ疑フ」

橋本宗彦が生まれたのは天保十三年（一八四二）一月だったから、義真急死からすでに九十年近くも過ぎていた。それにもかかわらずこのような事実を記さなければならなかったということは、この時代になってもなおまだ義真の死を怪死とみなし、不可解に思う人々すくなくなかったということであろう。

また、『佐竹家譜』では、義真のこの時の病状について「八月十八日、公（義真）上旬より類虐を患、加るに脚膝麻痺の症を以す」と記している。

類虐とは熱病。おこりのこと。つまり熱病から膝が麻痺状態に陥ったということであろう。であればおそらく歩行はもちろん立ち上がることさえ困難であったかも知れない。ならばいったい誰が、何の目的で義真を毒殺したかということになる。

結論からいえば、毒殺の下手人は佐竹義道だった。そしてその目的は、藩主の座をめぐっての後継争いを有利に導くためであった。

佐竹家は源氏の流れをくむ名門であった。六十万石取りの大大名として常陸国を治めていた。だが関ヶ原の合戦では石田三成率いる西軍についたため佐竹義宣《よしのぶ》は慶長七年（一六〇二）二十万石に減封のうえ奥州羽後に国替えを命じられた。このことが長らく宿怨となり、幕末の奥州列藩同盟に秋田藩が加わらず、薩長方についたことは周知のこと。

義宣、義隆《よしたか》、義処《よしずみ》の三代目までは秋田藩の基礎がための時期であった。そのため比較的大過なく推移してきた。ところが義格《よしただ》の四代目藩主に就いたあたりから藩財政の逼迫が次第に顕著になりはじめる。風水害による飢餓凶作、鉱山資源、森林資源の減産および投資増大になどによる負担が藩財政を圧迫しはじめたのだ。ことに七代目藩主義明《よしはる》襲封後は凶作がたび重なり、路頭に迷うもの、領内いたるところにあふれていた。

「乞食非人道路ニ満チ百姓ハ収納ヲ怠ルヲリ。藩用困難家中窮迫」（『秋田沿革史大成』）

の状態がつづき、ついには餓死するものさえ現れるほどだったというから、さながら阿鼻叫喚の様相を呈していたこと、想像に難くない。

「かかる事態に至っては、もはや銀札発行以外に打開の道はございませぬ」

羽後きっての豪商森元小兵衛は、藩の財政再建の打開策として銀札発行の必要性を財政担当の財用奉行川又善左衛門に進言し、これを認めさせる。宝暦四年六月、進言を行った川又は次のような願書を幕府に提出する。

（一）秋田では、近年財政が窮乏しているのに加えて凶作続きで領民の救いようがない。

（二）銀札を発行して諸商売を盛んにし、藩主、商人、農民たちを救済したい。

（三）仙台では宝永元年以前に、また白河では享保十五年からすでに藩札の発行が行われている。

当藩にもこれを許可願いたい。

正金銀の藩外流出抑止の一環として、すでに仙台藩、白河藩などでは藩札を発行していたというから秋田藩だけの特異なケースではなく、また、どの藩も財政赤字で疲弊していたことがわかる。

さて秋田藩の願書提出にならばどう幕府は対処したか。気になるのはここだ。幕府は秋田藩に対して二つの点について質していた。すなわち秋田藩は古来より銀を使用していること、銀札を使うことで他国への迷惑や損害を与えぬことなどだ。とりわけ幕府が懸念したのは後者だ。藩札を発行した先行例をみると、他国の商人が帰国に際して現金化する段階になるとどこもこれを渋るため、商人の間からしばしば苦情が寄せられていたからだ。

しかし秋田藩、そこはさる者。領内の富裕な商人、百姓が札元となるので銀札の兌換に支障はないと回答し、幕府の懸念を払拭する。幕府はこれを認め、宝暦四年七月、秋田藩の銀札発行を許可する。

ところが事実は回答とはまったく逆の事態に至るのだった。というのは、藩には兌換金が準備されていなかったうえ銀札に不審、不安を抱き、商人はこれに非協力的であったからだ。進言した当の森元小兵衛ですらついに最後まで札元になるのを拒否している。つまり商人たちのコンセンサスを得ることなく、川又らは最初から商人の懐を当てにして銀札発行に踏み切ったのだ。そのため商人や百姓の間に戸惑いや混乱が生じた。

もともと銀札の有効性を疑問視していたため、商人たちは銭函をかたく閉じて正金銀の兌換に消極姿勢をとった。そのため銀札を手にしたものはこれを兌換しようとして札元に殺到する。ところがその札元ですら銀札の価値を認めないから藩が決めた銀札百一匁《もんめ》につき正銀百匁、銀一匁につき正銭七十文という公定価格より安く兌換していた。

銀札の価値はいよいよ下がり、信頼性も失って、発足後一カ月にして早くも兌換の法規改正のやむなきに至るのだった。このようなことが誘因となって、やがて「佐竹騒動」が引き起こされるのだった。銀札発行をめぐる混乱と動揺が第一ラウンドとすれば、佐竹義真毒殺は第二ラウンドということになる。

五代目藩主佐竹義峯《よしみね》は寛延二年八月、六十歳で死去する。この死に佐竹義道は欣《きん》喜《き》雀《じやく》躍《やく》して喜んだ。今度こそわが子義明を藩主に継がせるとき、ついに到来したからだ。今度こそといったのは、前回、同じ場面に遭遇しながら見事に裏切られていたからだ。義峯には子がなかった。そのため義道は義明の次期藩主を信じて疑わなかった。義峯もじつは、四代目藩主義格に嫡男がいなかったことからその養子になっていた。義峯はもと壱岐守家の後継者だったが、佐竹宗家の跡継ぎとなったことで壱岐守家にアナがあいた。そこで宗家の家臣佐竹義道がその穴を埋めるべく壱岐守家に迎えられた。壱岐守とは初代義長が壱岐守だったことから称された。義長は三代目藩主義処の弟で、元禄十四年に分家し、秋田岩崎藩二万石の藩主になった。藩主に嫡男がいなければ壱岐守家から後継者を送ることになる。幸いにして義峯には子がない。義道がほくそ笑んだことというまでもない。ところが義峯は従兄弟の義都《よしくに》の子、義堅《よしかた》を養子に迎え、後継者にしてしまったから義道の思惑がはずれ、義明の藩主後嗣の期待が崩れてしまった。だがこの義堅、父の義峯に先んじて寛保一年（一七四二）二月、五十一歳で死去する。

義道にとって二度目のチャンス到来だ。前回は義堅に後継の座を奪われ、苦杯を飲まされたが、見渡したところ、今度ばかりはライバルもおらず、義明に白羽の矢が立つことほぼ疑いなし、と義道は確信した。ところが、である。義道のこの願望をまたしてもくつがえすようなウルトラCを、義峯は鮮やかに披瀝してみせるのだった。義堅の子義真を養子に迎え、次期藩主の嗣子とする、という離れ業をやってのけたからだ。寛保二年四月のことであった。

義道の怒りいかばかりであったか。切歯扼腕《せっしやくわん》して義峯、義真父子への憎悪をかき立てる。以来、義真に対する意趣返しをひそかに練りはじめるのだった。

寛延二年八月、義峯危篤の報を江戸屋敷で聞いた義真はそれを見舞うためただちに羽後に出立する。けれど千住で投宿したそこに義峯の死亡を伝える使者が駆けつけたことで義真はふたたび江戸屋敷に帰館する。これより約二カ月後の十月六日、義真は先代義峯の遺領を継ぎ、秋田藩六代目藩主に就任する。義道にすればまことに忌ま忌ましい光景であったにちがいない。義道の胸には復讐の念、煮えたぎっていた。しかし復讐には口実が必要。ここで義道はあることに気づく。

「銀札発行を使えばよい。義真は銀札発行を頑として認めず、反対するばかり。しかるに藩の窮乏にはとんと無頓着。このまま放置しておけば、まこと我が藩は早晩立ち行かなくなる……」

義道は、銀札発行に積極的な川又善左衛門、那珂忠左衛門らの主張に理解をしめすとみせて、懐柔してゆくのだった。

森元小兵衛は、義真に対しても銀札発行を進言していた。けれど義真は首を縦に振らなかった。

「義真御代ヨリ銀札仕法御注進数度願立ルモ新法ノ事ニ付採用セラレズ」（『秋田沿革史大成』）

義真のこうした頑固さは銀札推進派にとっては好ましからざるもの。この点において義道と川又、那珂らの利害は一致した。そして舞台は第三ラウンドへと移る。

銀札発行は藩の財政を立て直す最後の切り札だった。けれど商人たちの評判はすこぶる悪く、兌換には現金を秘匿して応じない。さらには銀札での米の買い占めをはかる藩庁に商人らは売り惜しみで対抗していた。そのため川又らは強権を発動し、非協力者の摘発すら行うのだった。このような強硬手段が商人たちを離反させ、銀札の評価をますます下げる。そうしたなか、宝暦七年二月、秋田城下に来ていた美濃の茶商人が「茶の代金として受け取った銀札を正銀に引き換えたいと申したが、札元も銀札役所もこれに応じてくれない。かくなるうえは幕府に訴えるほかない」との苦情を藩庁に告げるのだった。

石塚孫太夫、平元茂助ら藩の重役にとってこの茶商人の苦情はまたとないチャンスであった。石塚らは銀札発行に反対であった。そのためこの苦情を契機に銀札推進派に対する巻き返しを狙ったのだ。事実、茶商人の兌換に即刻応じるとともに銀札の法規改正を断行するといった、思い切った措置をとる。つまり港での交易は正金銀で自由に行ってよし、領内の者の正金銀の蓄えを許す……というものだ。

この改正は従来の法規をほとんど骨抜きにしたものに等しい。それではこれまでの努力はなんであったのか、という不満、川又らに湧いて当然だろう。重役のなかで銀札発行に積極的であった梅津外記は、改正は反対派が無断で行ったこと、これを藩主義明に告げるのだった。

このころには義真の後嗣として義明が秋田第七代藩主に就任していた。義真は二十二歳で死去したので後継者がいなかった。そのため家法にしたがって壱岐守家から義明が迎えられ、藩主を継ぐ。ここに至って義道の野望はようやく達成する。しかし実質的には義道が陰で院政を敷いていたから、義明は単なる傀儡にすぎない。

義道は川又、那珂らを抱き込み、義真毒殺をはかった。川又にしてみれば、銀札発行に反対の義真は目のうえのコブ。義道にとっても、わが子義明を藩主に仕立てるうえで義真は障害物。思惑の一致をみた両者は、それぞれ補完し合いながら思惑の実現に向かって行く。しかしこの両者の蜜月関係はそう長く続かなかった。用済みとなった川又らを切り捨てたことでやがて破綻する。

梅津の進言で義明は銀札批判派をことごとく処罰した。このとき義明を仮借なくしたのは銀札推進派の山方助八郎が差し出した讒言状《ざんげんじょう》であった。讒言状を鵜呑みにした義明は藩の重役に蟄居《ちっきょ》を命じる。ところがまたまた大逆転が起こる。蟄居を命じられた重役たちは猛烈な巻き返しをはかり、銀札推進派の捕縛、そして切腹、あるいは斬首に追い込むからであった。この時の罪状を『秋田沿革史大成』はこう記している。山方助八郎については、

「自分儀当春以来用向諸事同役共ニ内意之赴ヲ以相計候処、密ニ野尻忠三郎へ用向進内談両役へ密書ヲ通ジ候条其証令明白、偏ニ讒妄ヲ以国家騒動相計段重々不届之至依切腹被仰付者也」

というもの。

密書とはすなわち讒言状のことだが、川又善左衛門の罪状はこうだ。

「自分儀本分奉行申付財用為取扱候処、古来無之銀札仕法取立不容易事ニ候得共、家中領民救助ニモ可相成申聞候故全ク任セ置候処、品々利害之事耐已取計意利益ヲ指塞ギ、且他領之交易及難渋公辺御窮乏処甚相違今ニ至リ四民一族及艱苦、財用之害莫大民之浮沈此時ニ至リ候。畢竟私意之巧ヲ以テ御本意ヲ相欺キ国家之大難ヲ相招候条、重々不届之至ニ候。耐切腹被仰付者也」

山方助八郎は宝暦七年六月六日、川又善左衛門は六月二十七日それぞれ切腹する。そして那珂忠左衛門は、連座したものの処断が終わった、最後の見せしめを演じるかのように八月六日、斬首の刑に処せられる。その罪状は「徒党ヲ起シ、国家騒動之端ヲ発シ、逆意ヲ企テタ」というものだ。

山方切腹から那珂の斬首までわずか二カ月。この素早さは何を意味するか。義真毒殺の発覚をおそれた義道による口封じであったこと、疑う余地はない。つまり銀札推進によって発言力をつけた川又、那珂らは次第に藩政に深く関与しはじめる。義道にとってこれは好むところではない。彼らの台頭は自分の立場を脅かすものになりかねないからだ。かくして義道は川又、那珂らの抹殺にも仮借なかった。

# 十　お由羅《ゆら》、乱心・呪詛・毒殺を謀ること

島津斉彬《なりあきら》は正室の英姫や側室のくら、寿満とのあいだに十四人の子をもうけた。だがその多くは幼くして次々と夭折し、子にはほとほと見放された、不遇の藩主であった。

斉彬が二十一歳のとき、英姫に生ませた長男菊三郎は文政十二年（一八二九）九月、わずか四十日たらずのいのちで死んでいる。これを皮切りに、文政・天保年間中に長女澄姫が二歳十カ月、次女邦姫は一歳半でそれぞれ逝去。さらに子供の死はこの後も続く。次男寛之助は二歳九カ月で嘉永元年（一八四八）に、翌嘉永二年には四男篤之助が七カ月でそれぞれ没す。三男盛之進も嘉永三年に二歳十カ月で死ぬ。今度こそは立派に成長を、との願いを込めて虎寿丸と名付けた五男も安政二年（一八五五）に五歳で死んでいる。そしてさらに六男哲丸も一歳四カ月であっさりと死んでいる。

このように、まれにみる幼子の相次ぐ早世にただならぬものを感じ、何やら得体の知れないモノの怪に取り憑かれ、藩主は呪詛にかけられたのでは、と薩摩藩のものたちはおののくのだった。それというのも、次男寛之助が嘉永元年五月七日二歳で死んだとき、その部屋の床下から降魔《ごうま》調伏《ちようぶく》に使うワラ人形が発見され、「寛之助さまは修験者の牧仲太郎によって呪い殺された」「お由羅《ゆら》の方様の手に

よって毒殺された」という流言が広まった記憶が、藩士たちにはまだ新しかったからだ。

お由羅は島津斉興《なりおき》の側室であった。お由羅は江戸三田四国町に住む大工藤左衛門の娘とも、麹町の八百屋善平の娘、あるいは高輪の船宿の娘ともいわれ、出生は不明だ。したがってどのような経緯で薩摩屋敷に奉公するようになったかも明らかでない。しかしともあれ、官能的でグラマーな容貌と怪しげな妖気が斉興の好むところとなり、文化十四年（一八一七）十月、久光《ひさみつ》を生んだ。

これで三人の男児を斉興はもうけた。長男斉彬、次男斉敏、三男久光がそうだ。このうち斉彬と斉敏は正室の周子《かねこ》から生まれ、久光だけが側室お由羅の子だった。斉敏はやがて母の実家の鳥取池田藩に養子にやられるから、島津家には斉彬と久光が残り、家督はこの二人のいずれかに譲渡されることになる。

とはいうものの、斉興はすでに還暦近くに達してなおその座をゆずらず、薩摩七十二万八千石の十代藩主に居座っていた。これにはもちろん理由があった。ならばその理由とは何か。極度に逼迫した藩財政の立て直しが急務というのがまずひとつ。ふたつめは、西洋好きの趣味と豪奢な生活に慣れた斉彬の藩運営には不安が消えないというものだ。

斉興の祖父重豪《しげひで》は進取の気風に富む、英邁な人物であった。しかしその反面藩財政も顧みず、西洋の文物の蒐集にこれつとめるといった、乱費家でもあった。それがために嘉永元年当時の薩摩藩は五百万両といった膨大な負債を抱え、藩士の多くはどん底生活にあえいでいた。

厳しい年貢の取り立てにいたたまれず、領民は生まれ在所を捨てて他国に逃亡。家臣も禄を捨てて浪人と化すしまつ。領地の荒廃は目に余り、財政再建はもはや待ったなしであった。斉興は調所広郷《ずしよひろさと》を登用し、財政改革に乗り出す。

調所は一介の茶坊主にすぎなかった。だが彼の経済手腕を斉興は高く買っていた。調所も斉興の期待に応え、次々と難問をクリアしてゆく。たとえば砂糖の買い占めと専売、中国との密貿易、偽造貨幣の乱発、さらには負債五百万両を年二万両、二百五十年賦で返済するという、債権者には承服しかねる荒業を使い、これを認めさせる。

調所の豪腕によって薩摩藩の財政は着実に改善され、改革から一年後の天保十一年（一八四〇）ごろには五十万両のカネが藩庫に蓄えられるまでに好転するのであった。

手法はどうであれ、調所なくして藩の財政再建はなく、その意味で彼の功績はけっして小さくなかった。ところが好事魔多しとはよく言ったもの。やがて調所もその手に引っ掛かるのであった。つまり中国との密貿易による蓄財が幕府に露見するところとなり、幕府召喚のうえ厳重な尋問が調所に待っていたのだ。

薩摩藩と中国との貿易は琉球を介し、その額も年額三千両程度という条件で幕府に認められていた。ところが調所はこれを超えて実質的には三万両という巨額の密貿易を繰り返していたとの疑惑を深め、幕府はその点を彼に糺したのだ。実際琉球の池城《いけぐすく》らと手を組んで一万両にものぼる密貿易をはかっていたのは動かせない事実。しかし言を左右し、調所は幕府の取り調べを躱《かわ》そうとした。けれど嘘で固めた証言はどこかで破綻する。証拠書類をすべて処分したのち調所広郷は江戸藩屋敷で毒をあおり、自裁する。嘉永元年（一八四八）十二月であった。

じつは調所を幕府に売ったのは斉彬であったといわれている。調所を尋問すれば斉興の処遇問題に発展し、蟄居謹慎、ついには隠居ということもなくはない。そうなれば藩主の座が自分に転がり込んでくる。斉彬はそう読んだのだ。

斉興の関心事は調所が築いた財政再建の維持と発展であった。そのためにはたとえ筆頭相続人斉彬であろうとそう簡単に引き渡すわけにはいかなかった。

斉彬は正室の子。しかも嫡男。島津家の家督は当然彼のためにある。にもかかわらず四十の不惑の年を目前にしてなお部屋住みの身。それというのは、曾祖父の重豪に可愛がられたせいか、彼も西洋趣味がことのほか強く、金銭にはとかく無頓着だった。斉興はそこを危惧したのだ。せっかく正常化した藩財政が、斉彬の浪費癖で元の木阿弥になりはしまいか、と。

斉興の、こうした懸念を利用したのがお由羅だった。お由羅は側室。そのため子の久光を藩主に就けるには斉彬は邪魔者。斉彬の廃嫡を画策したのだ。

一方斉彬派も攻勢に出ていた。調所の不正をあばいたのを契機に彼と繋がるお由羅一派を追放し、物頭近藤隆左衛門、町奉行格鉄砲奉行山田清安、船奉行高崎温恭、道方目付村田平内左衛門らは斉彬の藩主擁立を一気にはかったのだ。そのため彼らは、斉彬の世継ぎたちの相次ぐ死も利用し、お由羅一味による呪詛説、毒殺説を喧伝すること、いとわなかった。

「すべてはあの妖婦めにある。あやつさえ消せばあとはどうにでもなる」

「いかにもその通りじゃ。すべての元凶はお由羅ひとり。このままあのアマを生かしておいては斉彬様の藩主は遠のくばかり。今こそお由羅を殺さねば……」

ところが近藤らの巻き返しはあえなく頓挫。一味のなかにスパイが潜伏していた。広敷番頭の但馬市助だ。但馬のスパイ行為で近藤らの謀略はたちまち露見し、斉興の一斉検挙が開始する。嘉永二年十二月。はからずも調所の自裁からちょうど一年後のことだった。

首謀格の近藤隆左衛門はノコギリ挽きによる磔刑。山田、高崎らは磔刑。このほか切腹、遠島、蟄居などを命じられたもの五名に及んだ。これがいわゆる「近藤崩れ」「高崎崩れ」、あるいは「嘉永朋党事件」とも「お由羅事件」ともいわれる、世継ぎをめぐる薩摩藩のお家騒動だった。

近藤らの謀略は、お由羅に牛耳られた藩運営を奪還し、斉彬を次期藩主に擁立するというものだ。その手始めとしてまず調所を葬った。斉興の信頼が厚い調所は当然お由羅との関係も深く、良好だ。近藤は、調所を亡き者にすることでお由羅の、藩運営に対する影響力の弱体化を狙った。調所についてはほぼ計画通りだった。けれどお由羅については失敗。かえって逆襲され、あえなく潰えるのだった。

斉彬擁護派を一網打尽にした。これでまずは安泰にみえたお由羅一派。ところがまたしても近藤一派の残党によるしぶとい抵抗で事態は急変する。斉彬につらなる井上正徳、木村時澄、竹内重任ら四名が脱藩逃走し、福岡黒田藩に助けを求めたからだ。福岡藩主黒田長溥《ながひろ》は島津重豪の九男。井上らは、斉彬の藩主後嗣の正当性をしたためた嘆願書を長傳に提出するのだった。

井上らの逃亡は、お由羅にとって最大の不覚。だから斉興を動かし、井上らの身柄をただちに薩摩藩に引き渡すよう長溥に迫るのだった。お由羅のこの焦燥は、むしろ墓穴を深めるものでしかなかった。身柄引き渡しを迫る斉興の要求を突っぱねたのみならず、長溥は老中阿部正弘にことの子細を明らかにし、薩摩藩紛糾のそもそもは斉興の頑《かたくな》な藩主固執および斉興と結託するお由羅の妄念が元凶と断じ、斉興隠退、斉彬襲封こそ鎮静化の道であろ、と奏上するからである。

嘉永四年（一八五一）十二月、斉興は四十一年にわたる長期政権から身を引き、隠居する。近藤らのクーデターからちょうど一年後だった。ついに斉彬は第十一代薩摩藩主の座に就いた。ただしこのときすでに四十三歳。人生ややたそがれ時にさしかかっていた。しかも五人の男児はことごとく早世し、斉彬直系の世継ぎは絶えていた。

斉彬の苦悩はお由羅の愉悦である。斉彬に男児がいないとなれば次期藩主は久光ということになる。お由羅は兵道家の牧仲太郎を手なずけ、斉彬に呪詛をかけた。兵道とは、薩摩に古来から伝わる呪術。牧は領内各所に祭壇を設け、斉彬調伏の修法をかけるのだった。果たせるかな、牧の霊験は斉彬の身体的変調となって現れはじめていた。

斉彬は相次ぐ息子たちの早死にで極度の神経症に陥っていた。しかも期待の虎寿丸にまで見放されたことで、よくよく死に神に取り憑かれた我が身を呪うのだった。斉彬は側室のお寿磨に虎寿丸を生ませ、健やかな成長を願って虎寿丸と名付けた。虎寿丸もその期待に応えてすくすくと成長し、四歳で早くも公家の近衛忠煕《ただひろ》の末娘で四歳になる信姫と婚約が整い、将来の朝廷入りが約束されていた。

安政元年（一八五四）七月　日、島津家の使者が京の近衛家に赴き、虎寿丸と信姫の婚礼の儀式を滞りなくすませ、再び国元に帰った。ところが婚礼から五日後、近衛家ではその喜びがまだ冷めやらぬころ、突如虎寿丸に異変が起こり、あっけなく急死するのであった。しかもおまけに斉彬までそのショックのあまり意識不明の重体に陥る。闘病はその夏いっぱいつづき、病床から起き上がれるようになるのは翌二年三月ごろのことだった。西郷隆盛が目黒不動尊に詣でて断食し、主君の病気平癒を祈願したのは斉彬が病床にあったこの時だった。

虎寿丸の死んだ翌年の春というから安政二年、病気が癒えるのとほとんど同時に斉彬はお八重の方という側室をまたも迎え、子作りに精力を傾けるのだからあっぱれ。同年九月初めお八重の方は男児を出産。斉彬にとって六男目。名を哲丸と名付けた。このとき斉彬四十七歳。五十歳で逝去するのをみれば、哲丸は斉彬晩年の子といっていいだろう。

五男虎寿丸の急死。そして斉彬の闘病。次期藩主にわが子久光を、との執念をたぎらすお由羅にとって、天は自分に味方しているかにみえた。ところが哲丸の誕生でまたまた誤算が生じ、牧仲太郎を即刻呼び付けるのだった。

「これは一体どういうことじゃ。またも世継ぎができおったじゃないか」

「誠に面目ござりませぬ」

「そなたの術もとうとうヤキが回ったということか……このまま生かしておけば騒動のもとじゃ。今すぐ哲丸を始末致せ」

「承知つかまつりました」

病み上がりの身でありながら、ことおとぎに関してはまるで別人のごとく、いっこうに衰えをみせない斉彬の壮健ぶりを忌ま忌ましく、お由羅は激しく歯嚙みした。

「哲丸が生きておるかぎり藩主の道は断たれたも同じじゃ。なんとしても阻止せねば」

虎寿丸の死で現実味を帯びた久光の藩主後継。ところが哲丸の誕生でその道はまたも断たれようとしている。お由羅にとってこれ以上待たされるのは我慢がならなかった。だがやがてお由羅の思惑は現実のものとなる。

哲丸が三歳になった安政五年の初夏ごろより斉彬の体調がすぐれず、七月に入ると重篤に陥るのだった。その衰弱ぶりから誰の目にも、もはや回復は見込めないことを悟った。過去に何度か危篤状態に遭遇したものの、四十代の体力と気力で脱出してきた。けれど今度ばかりはその余力はない。斉彬は、自分の余命を見極めたある日、枕辺に久光を呼び付け、遺訓するのだった。

「哲丸はまだ幼少の身。よって忠義を藩主とし、おまえは両名の後見役となって末長くこれを見守れ」

安政五年七月十六日、島津斉彬死去。享年五十歳。わずか七年半あまりの藩主在任であった。死去後とはいえ、斉彬の不運は半年後、自分の後を追うかのように哲丸が安政六年一月に他界したことでなお続くのだった。

忠義は久光の子。お由羅の孫だ。ひとまずお由羅は安堵した。わが子久光の藩主相続は不発に帰したが、孫の忠義なら自分と血のつながるものが跡目をつぐという点で、久光と変わらなかったからだ。いやむしろ、忠義のほうがいいとさえ思った。久光が藩主となれば斉彬派の抵抗が予想されるが、忠義ならそうした風圧も和らぐ、という読みもお由羅には働いた。

斉彬・哲丸の相次ぐ死去に不信感を抱く家臣たちはまたしても、お由羅の毒殺説をまことしやかに噂したものだった。

# 十一　政争の具にされた将軍家定の毒死のこと

安政五年（一八五八）七月六日、第十三代将軍徳川家定《いえさだ》は三十五歳という若さで世を去らなければならなかった。ところがこの時も家定の死を秘密にし、公にしたのは一カ月後の八月八日であった。この時もといったのは、家定の父家慶《いえよし》が死去したとき幕府はペリー来航問題で紛糾する中での将軍死去は国民の動揺を招くとして一カ月間の箝口令《かんこうれい》を敷いたからだ。今回またも家定にもそれを用いたのだ。公表までのこの一カ月間の空白こそ、幕府内部の派閥闘争、激動する時代潮流、政情不安などに翻弄された一人の病弱な将軍の非運を物語った。

名を家祥《いえさき》から家定に改め、将軍職に就いたのは嘉永六年（一八五三）十月であったからわずか五年ほどの在位だった。自分の力量を発揮せぬまま早世した。彼を惜しむ理由のひとつはここにある。そして二つめは、子ができず、世継ぎに恵まれなかったこと。それがために将軍の跡目相続をめぐって一橋派と南紀派の政争の具にされたこと。さらに三つめが、知的障害があったうえに当時流行のコレラに侵されるといったダブルパンチをくらっていたということだ。

家定はもともと虚弱体質であったらしい。けれどそれはどうやら知的障害と無関係ではないようだ。

というのは彼は三十歳という年齢にもかかわらず厨房に入り、甘藷の煮付けや饅頭作りなどを楽しむ、当時の男子、ましてや将軍としてあるまじき趣味に喜々とし、あるいはまるで幼児のように小鳥を追いかけたり家臣に小銃を突き付け、その驚く様を見てはハシャグといった、成人ではまず見られない面があったという。そのため越前藩主松平慶永《よしなが》は「凡庸中最も下等」といってはばからなかった。

　性的不能も精神的未熟からきていたかも知れない。先代の家慶は死の一年前、六十歳になってなお子を儲け、二十九人もの子をなした艶福家だった。ただしことごとく夭折し、成人に達したのはわずか家定一人というこれまた不運の将軍だった。だから自分と同じ苦労をさせまいとして家定（当時の名は家祥）が十八歳になるや近衛忠煕《ただひろ》の娘任子《ただこ》を正室に迎えるのだった。

　任子は宮廷の奥深くで養育されたため教育も容姿も申し分なかった。ところが折しも全国的に流行していた疱瘡にかかり、世継ぎを生まないまま二十六歳で死去する。一年後、家定は再婚する。この時も関白の一条家から娶り、名は秀子、二十四歳であった。ただし超小柄であったらしく、身の丈は襖の取っ手をわずかに超える程度だったという。しかし秀子との間にも子はできず、しかもおまけに再婚から一年たらずの嘉永三年、秀子もあっけなく他界。世継ぎもなく、妻にも先立たれ、いかに凡庸の将軍と揶揄されても、こうも不運が続けば己の不徳に多少はこたえたに違いない。それでなくても京の姫君の間では「早死にしたければ将軍家に嫁げばよい」などと囁かれ、幕府を毛嫌う噂が立っているのだ。

　相次ぐ妻の他界に家定はいささか厭世的になっていた。だから「金輪際妻は娶らん」といい、独身主義を宣言する。これには幕府も慌てた。容認しがたいからだ。ただでさえ内外情勢の厳しい時期。

このうえ世継ぎが絶えるような事態を招けば幕藩体制は揺るぎ、徳川幕府はたちまち崩壊する。老中の阿部正弘は三人目の正室選びを画策した。

秀子亡き後六年ほど独身が続いた家定はついに三人目の妻を迎えた。相手は二十一歳になったばかりの島津斉彬の養女篤姫《あつひめ》（敬子）である。当初幕府は篤姫の輿入れに反発した。十一代将軍家斉《いえなり》が島津家から茂姫《しげひめ》を迎えた例はあれ、家光以来将軍家の正室は京の公家から選抜するというのが慣例になっているからだ。したがって篤姫の婚礼は〝掟破り〟といえた。

武家の娘を正室に迎える。ほとんど前例がない。斉彬もそれを知っているから篤姫をひとまず関白の近衛家に養女に出し、宮家の子女として家定に嫁がせるという苦肉の策を用いるのだった。もっとも篤姫はもともと島津家の分家の島津忠剛の実子。十九歳で城中に入り、斉彬の養女になった娘だ。

ともあれ、しからば何ゆえ斉彬はかくなる工作を用いてまで篤姫を家定に送ったのかという疑問がここにわく。結論から先にいえば、斉彬及び一橋派による政略結婚であった。

篤姫輿入れを斉彬に打診したのは老中の阿部正弘だったという。阿部老中は、天保改革の断行が幕府の譴責《けんせき》を買い、失脚中の身であった水戸藩の徳川斉昭《なりあき》を幕府の参与に迎えるなど一橋派に理解を持つ尊攘派であった。

家定は病弱なうえに知能障害があった。そのうえさらに天然痘がもとで容貌醜悪。癇癪持ち、手足の据りが悪く、本人の意思に関係なく痙攣を起こすという不運と短所のすべてを一人で引き受けてしまったような、まことに哀れむべき将軍であったようだ。二人の正室が早死にしたのも、家定のあまりな暗愚に絶望し、自ら命を断ったのではと囁かれたが、理由のないことではない。

さて篤姫はどうであったろう。婚礼は安政三年十二月に挙行された。かくして篤姫は家定の第三の妻として江戸城大奥に入った。だが、裏返せば一旦宮家へ養女に出すようなことまでしなければ斉彬は篤姫を送り出せなかったということだろう。斉彬は、家定に世継ぎの誕生は望べくもないことを見抜いていた。そのため阿部、水戸藩主の徳川斉昭、土佐藩主の山内豊信《とよしげ》（容堂）、宇和島藩主の伊達宗城《むねなり》らと諮《はか》り、次期将軍は一橋慶喜《よしのぶ》を擁立することで合意していた。

慶喜は斉昭の七男。十歳になった弘化四年（一八四七）に一橋家の養子に入り、当主となる。慶喜の将軍継嗣の話は、じつはこの時が初めてではない。すでに十二代家慶《いえよし》は、慶喜を養子に迎え、家定の後継者にするつもりで阿部との内諾も取っていた。ところが話が煮詰まる以前に家慶は死去。そのため阿部は次期将軍を家定か慶喜か決しかねた。家慶の死去公表まで一カ月間の空白があったのはこのためでもあった。

十三代将軍は結局家定が就任し、慶喜擁立は実現しなかった。けれど幸か不幸か家定には子がおらず、このままゆけば再び継嗣問題は避けられない。それを見越したから斉彬は先手を打ったのだ。つまり、養女である篤姫を家定に嫁がせることで幕閣における自らの影響力を強めるということだ。影響力とはいうまでもなく、一橋慶喜の次期将軍継嗣である。慶喜擁立に連なるものを一橋派といった。これに対して紀伊藩主徳川慶福《よしとみ》（家茂）を将軍候補に担ぐ者たちがいた。これを南紀派といい、彦根藩主井伊直弼《なおすけ》や家定の生母本寿院（お美津の方）などがこれに連なった。

将軍に跡目が途絶えた場合尾張、紀伊、水戸のいわゆる徳川御三家から抜擢する習いになっていた。ただし実際尾張や水戸から将軍にのぼった例はない。当初、次期将軍の候補者は尾張の慶勝《よしかつ》、水戸の慶篤《よしあつ》、田安家の慶頼《よしより》らの名も挙がった。けれどいずれも一長一短あり、最終的には慶喜と慶福に絞り込まれた。大勢は慶喜有利かにみえた。したがって井伊はそれを阻止すべく必死の巻き返しに出る。井伊のこの抵抗は薩摩、土佐など外様大名に対する譜代大名の抵抗でもあった。以来一橋派と南紀派は将軍の座をめぐって熾烈な派閥闘争を展開するのだった。

何事もない、天下太平の世であれば凡庸といわれようと無難に乗り切れたろう。たとえば「生類憐みの令」を公布した綱吉のように。けれど時代は家定の無能を許すほど寛大ではなかった。嘉永六年(一八五三)六月、日本に開国を迫る国書を携えた米国インド艦隊司令長官ペリーが四隻の軍艦を率いて江戸湾に乗り込んで来たのだ。いわゆる黒船の出現だ。

ペリーの国書をいかに扱うか。老中阿部正弘は江戸詰めの諸侯に見解を求めた。老中が諸侯に意見を求めるなどそもそも前例がない。そのため井伊ら譜代の保守派大名にとって阿部の措置は由々しきこと、この上なかった。

もちろん阿部とて、将軍としての高い見識と強力な指導力が家定にあったなら前例を破るなどしなかったろう。だが現実には、迫りくる難局を打開する能力を家定には望むべくもない。だからこそ阿部はあえて外様大名とも連携して挙国一致政権を模索し、局面打開をはかるとともに、慶喜擁立も容認したのだ。

将軍の跡目相続で始まった一橋派対南紀派の対立抗争はペリーが投じた開国か鎖国かの問題が加わったことでいよいよ混沌とする。そうしたなかで阿部正弘は四十二歳の若さで病死する。どうやら過労死だったらしい。

開明派といわれた阿部の死は、外様大名にとっては痛手だが、保守派にとってはむしろ結構なことだった。そのため阿部の死を好機ととらえて井伊直弼は、本寿院と極秘に手を結んで幕閣からの一橋派追放及び大老就任を一気にすすめるのだった。斉昭が家定の水戸幽閉、慶喜の将軍継嗣を強行しようとした、というのが一橋派一掃の理由だった。

安政五年四月、井伊は大老に就任。ただちに政治改革を断行した。つまり勅書を得ずに独断で日米修好通商条約を締結し、さらに慶福の十四代将軍擁立だ。井伊は、これに反対するものをことごとく弾圧した。これが安政の大獄だ。そのためやがて井伊は万延元年（一八六〇）三月、桜田門外において水戸藩士によって暗殺される。

さて、話がだいぶ横道にそれた。ここらで元に戻す。篤姫を三人目の妻に迎えた家定。この時すでに三十三歳であった。病弱なうえに知能障害があり、しかも十歳以上もの年齢差があった。むろん先妻たちの相次ぐ死や家定の怪異な面貌、奇矯な行動も伝え聞いていたに違いない。それだけに家定との婚姻は意に添うものではなかったろう。それでもなお篤姫は入輿に同意する。斉彬の因果を含めた説得もあったが、むしろそれ以上に篤姫は、そうあることの運命を見据えたからである。

斉彬にとって篤姫婚儀はあくまで一橋慶喜を次の将軍に就けるための手段にすぎない。つまり篤姫を大奥に送り込むことで家定を懐柔し、さらに実母本寿院からの離反をはかり、その影響力を剝ぐというのが真の狙いだ。

しかし事をなすには篤姫はまだ若すぎる。なにしろ二十歳そこそこの小娘。そこで斉彬は幾島を侍女につけた。幾島は額にコブがあった。そのため「こぶ」と呼ばれたが、それゆえ女丈夫の、男勝りの女性であった。幾島は斉彬の意を受け、さらに薩摩藩から送られた資金を奥女中らにばら撒き、掌中に取り込んでゆく。一橋派対南紀派の対立が男たちの闘争とするならば、大奥はさしずめ女性版派閥闘争ということになる。

だが家定はともかく篤姫にすればそうした権力闘争などあずかり知らぬばかりかむしろ犠牲者といいたいぐらいであったろう。まして家定との御簾《ぎょれん》中生活はわずか一年半たらず。二十三歳ではやくも落飾《らくしょく》して天璋院と称しなければならないのだから、その思い、小さくなかったはずだ。

安政五年七月六日、家定は逝去する。三十三歳であった。数日前から脚気がすすみ、佐賀藩の奥医師伊東玄朴を中心に医師団が治療にあたったものの好転せず、そのまま息を引き取ったという。家定の死は伏せられた。幕府を取り巻く情勢の厳しいおり、将軍の死が公になることで予想される政情不安を幕府は恐れたからだ。したがって一般の人が家定の死を知るのは一カ月も過ぎた後だった。しかし幕府にとっては、この一カ月の空白を作ったことがかえって逆効果だったかも知れない。「お殿様は毒殺されたらしい」「将軍様は一服盛られたようだ。水戸のご老公がやったらしい」——こんな流言飛語が江戸市中を巻き込んだからだ。

斉昭に、家定暗殺の理由は十分すぎるほどある。慶喜は実の子。その慶喜は目下注目の次期将軍の有力候補者。ところが慶福という対抗馬が現れたことで斉昭の思惑がはずれた。だから、慶喜擁立のためにはたとえ外様大名の島津斉彬であってもあえて手を結ぶのだ。権謀術数もためらわぬ、そんな斉昭であった。だから家定の死に斉昭の影を江戸っ子たちは感じ取るのだった。

斉昭の家定毒殺。それはけっして風説ではなかったらしい。大奥にのぼり、家定に仕えた藤波という女中は主君の死に不審を抱き、そのことをしたためた手紙を八王子に住む両親の元に送っていた。手紙は東京都日の出町に住む野口定一氏が所蔵する古文書の中から一九九九年に発見されたものだが、「昨六日七ツ半頃、誠に御大病ニ成らせられ候、一とうおとろき恐れ入りまいらせ候御事ニ御座候」ではじまる手紙は、家定の毒殺についてこう述べている。

「御手前様ゆえこくこく内々なから、御とく薬ニて御わるく成らせられ候。御いしもたうばん付居候。水戸、おハリ、一ツ橋、越前、まつケ様なる所皆くミして居候。外ニも此間しくぢり候老中二り外ニも色々の人御座候」

両親だからことの子細を打ち明けるが、家定は毒を盛られて殺されたらしい。水戸の徳川斉昭、尾張の徳川慶勝、一橋の慶喜、越前の松平慶永らが関係し、このほか先月、井伊大老によって罷免された老中堀田正睦《まさよし》、松平忠固《ただたか》らいろいろな人がいたようだ――。

文意はだいたいこのようになろうか。しかしこの手紙を書いた藤波は反一橋派の女中。であれば当然本寿院や紀州派に有利な手紙になろう。それはともあれ、徳川斉昭は岡櫟仙院と称する奥医師と共謀し、家定を毒殺したという風説はいまも消えない。

# 十二　「悪謀の四天王」と目された梅田雲浜《うんぴん》毒殺されるのこと

梅田雲浜《うんぴん》が幽閉先の小倉藩主小笠原嘉忠の邸内で死没したのは安政六年（一八五九）九月。四十四歳であった。

梅田の死は脚気による病死といわれた。彼は元来病弱な体質であったらしい。それが、安政五年九月に幕府に逮捕されてから一年、慣れない牢獄生活で健康を害し、体力は衰える一方だった。そのため梅田の病死を疑うものはほとんどいなかった。むしろ人々は、梅田とともに捕らえられた飯田左馬が二月に労咳を病み、五月には有井但馬守が脚気におかされ、そのまま九月、梅田より早く死んでいたので、さしもの攘夷派の論客で鳴らした梅田といえども病には勝てなかった、と思ったぐらいだった。

しかしそのようななかで、三国大学《みくにだいがく》だけは雲浜の病死を疑い、毒殺死を唱えさえするのだった。三国も雲浜と同じ攘夷派で、次期将軍相続問題では行動を共にしていた。

雲浜は日米修好条約にともなう横浜港などの開港に断固反対し、皇室を動かし、勅許をもってこれを阻止しようと企んだほか、宮中と結託して一橋慶喜を次期将軍継嗣に担ぎ出すなど画策した。そのことが幕府の咎《とがめ》となって逮捕に結び付いたのであった。このとき三国も幕臣の橋本左内らと協力して将軍継嗣問題に関与したたため捕縛され、拷問の苛酷さは体験していた。そのため三国は著書『笑い草』のなかで雲浜の毒殺を告発するのだ。

「此の年の初、今度の一類の裁決評議ありし時、罪名定め難きには、井伊大老は、『残らず一様に一服ずつ飲ません』と言ひしを、寺社奉行板倉周防守勝静《いたくらすおうのかみかつきよ》、これを拒み、異見を述べければ、遂にその職を免ぜられる」

罪名定め難きとは、安政の大獄で大量逮捕したいわゆる攘夷論者の罪状をどのように決めるかということだが、それに対して井伊直弼は、決めかねるものについては「一服ずつ飲ません」と言い放ち、板倉勝静に毒殺を命じた、と三国は断定するのだった。

井伊直弼は、日米修好条約締結に反対する者、あるいは家定亡き後、家茂を次期将軍とすることに背くものに対して仮借ない弾圧を加え、ことごとく粛清していった。そのまず第一号として逮捕されたのが梅田雲浜。そしてこれが後にいう「安政の大獄」の始まりであった。

文化十二年（一八一五）矢部義比の次男として生まれた雲浜は名を定明といい、もとは若狭（福井県）小浜藩士だった。その雲浜は、若狭湾を土地の人たちは雲のかかる浜と呼ぶのにちなんだものだ。二十八歳で京都に出た雲浜は藩の望楠軒《ぼうなんけん》などの講師をつとめ、門弟たちに攘夷論を説いていた。さらにその一方で海洋防備の重要性を建議するなど、藩政批判を繰り返す。そのため藩籍を抹消され、浪人となる。

ところが皮肉にも、雲浜の行動は浪人になってからのほうが目覚ましい。堅苦しい宮仕えから解放され、自由の身になったからに違いない。安政元年（一八五四）ペリーの日本再訪の報を受けるとただちに江戸に駆けつけ、その足で今度は水戸に赴き、水戸の攘夷派と親交を深める。雲浜の足は関東から関西へと向かう。そこでかつての門弟や知己と再会し、攘夷運動を具体化させるとともに資金作りにも着手する。安政三年、長州萩の豪商坪井九衛門に取り入り、大阪方面での物産御用掛となって多大な利益をものにする。単なるアジテーターだけではなく、商才にも長けた雲浜だった。

かくして潤沢な資金をものにした雲浜。次なるターゲットは宮中の攘夷派に食い込むことであった。宮中と結び付くことで攘夷運動に大義名分がつき、事を運ぶにも有利だ。さいわい雲浜には、中川《なかがわの》宮朝彦《みやあさひこ》と交流をもつ山田勘解由《かげゆ》や伊丹蔵人などの門弟がいた。そのつてで昇殿もやがて許される。そこで雲浜は持論を奏上し、中川宮を取り込むのに成功する。

豊富な資金力、そして宮廷工作の成功。事は狙い通りにいっているかにみえた。ところが好事魔多しのたとえ通り、雲浜にもそれが待ち受けていた。すなわち井伊大老による粛清の嵐だ。

井伊大老は在京の頼三樹三郎《らいみきさぶろう》、梁川星巌《やながわせいがん》、池内大学《いけうちだいがく》、梅田雲浜の四人を指して「悪謀の四天王」と言い放ち、蛇蝎《だかつ》のごとく嫌悪していた。そしてついに安政五年九月、井伊は強権を発動し、攘夷派狩りに打って出た。そのまず見せしめとして梅田雲浜を捕縛する。

京都から江戸に護送され、白州に引っ立てられてからも雲浜はひるむどころか舌鋒《ぜっぽう》いよいよ鋭く、幕府の誤りを完膚無きまでに糾弾するのだ。

「すでに腹は決まっておる。したがって煮て食らおうが焼いて食らおうがいっこうに構わん。ただしこれだけはいっておく。貴殿らが私と同じ、いやそれよりももっと恐ろしいことを毛唐どもに受けることを決して忘れてなるまいぞ。毛唐どもがこの国を乗っ取れば、貴殿らは召し使いも同然。牛馬のごとく酷使され、生きてその恥を晒すこと、思い知ればよかろう。ウッハハハハ」

これがまた幕閣の逆鱗に触れるからますます許し難き人物となる。幕府に対しては容赦ない雲浜だが、ともに捕らえられた山田勘解由など同志に対しては生きて娑婆に出られるよう、腐心した。だからこうもアドバイスするのだった。

「あくまでもシラを切れ。何を聞かれても知らぬ存ぜぬで押し通すんだ。言を左右すれば罪状の軽減、あるいは叶わぬものでもあるまい」

門弟たちの罪も雲浜はまるごと引き受けるつもりでいた。すでに死罪は免れないこと、承知していたからだ。

はたせるかな山田らは、評定役の執拗な追及にもかかわらず、「知らぬ」「忘れた」「覚えておらぬ」「それは違う」「記憶にない」……などと言を左右し、相手を翻弄するのであった。そのため評定役は追及に窮すること、しばしば。ついには死罪を免れることとなった。

それを聞いた雲浜、したり顔をしてうなずく。しかしその顔には確実に死相があらわれていた。運動不足や栄養不良が彼の脚気に拍車をかけ、日増しに健康が蝕まれていった。

そのようななか脚気で有井但馬守が死んだ。三十五歳だった。雲浜もそれでいよいよ死期を悟るのだった。有井の後を追うかのように九月十四日、梅田雲浜もついに獄死する。覚悟の死とはいえ、毒殺の疑いなしとはしないだけに、さだめし雲浜、あの世にいってさえ切歯扼腕《せっしやくわん》しているに違いない。

## 十三　徳川斉昭《なりあき》・慶篤《よしあつ》父子危うく毒殺のこと

水戸九代藩主徳川斉昭《なりあき》は万延元年（一八六〇）八月十五日、心臓発作によって六十一年の波乱に満ちた生涯を閉じた。

斉昭ほど評価のわかれる人物も少ない。あるものは二代藩主光圀《みつくに》以来の名君といい、あるものは暴君という。それだけ毀誉褒貶《きよほうへん》、功罪あいなかばするということだろう。じじつ彼の生涯を俯瞰してみると、その思想と行動には従来の慣例や概念にはとらわれない斬新性がある。それゆえに改革派の評価は高い。

しかしその反面、初代藩主頼房《よりふさ》以来受け継がれた秩序や伝統、あるいは美風を乱す単なる破壊者とみなすものも少なくない。いわゆる門閥派と称するものにこれは多かった。

評価はまた敵味方の多寡にも比例する。斉昭の場合味方も少なくないが敵も多かった。そのため彼の身辺には絶えず暗殺者の影が忍び寄り、井伊直弼が桜田門外で暗殺された年の八月、主君の仇を晴らさんとして脱藩した彦根藩足軽小西貞義の凶刃に危うく刺殺される。あるいは十河祐元が調合した毒薬にかかるという危機に直面することしばしばだった。十河は水戸藩おかかえの奥典医《おくてんい》。ということは外敵のみならず、斉昭はついに身内からもいのちを狙われていたということだ。

とにかく徳川斉昭は型破りで、ファナティックな人物であったことは衆目の一致するところだ。それは持って生まれた彼自身の気質でもあったろう。だがそれ以上に時代がそうさせたといってよい。つまり幕末という、激動する歴史のターニングポイントに居合わせ、しかもその歴史は彼のような人物の出現を要求していたということだ。

六十一年の生涯で、前半生と後半生のコントラストがはっきりしているのも斉昭を斉昭たらしめる特徴だ。斉昭は水戸七代藩主治紀の第三子として寛政十二年（一八〇〇）に生まれた。早くから秀逸な人材と見込まれながら三男であったばかりに部屋住みという不本意な境遇に甘んじなければならなかった。したがってその知識、その能力、その行動力を発揮するには文政十二年（一八二九）十月、兄で、八代藩主斉脩が三十三歳で他界するまで待たなければならなかった。

藤田東湖《とうこ》、戸田忠太夫ら改革派の推挙をうけ、水戸九代藩主に就任した斉昭はただちに藩政改革を断行する。それまでの慣例や既成概念にとらわれず、有能な人材とみれば身分や出身に関係なくどしどし登用する。兵制も改め、反射炉を築造して銃砲の鋳造、洋式操練の採用など軍備増強をはかる。さらには弘道館をはじめ郷校を各地に設置し、尊皇思想を理念とした文武教育をひろく士民にほどこすのだった。いわゆるこれが水戸藩の天保改革であった。

斉昭の急進的な改革を、しかし憎々しく見つめるものもいた。結城寅寿《とらとし》、朝比奈泰然といった門閥派だ。門閥派とは、初代藩主頼房以来水戸藩に仕え、藩政の中枢をになう名門ということから名付けられた。これに対して改革派は天狗派ないし激派といわれ、これには藤田東湖をはじめとして町民や下級武士など、いわば新参者が加担した。

斉昭の改革派重用は門閥軽視であった。したがって斉昭の登場は改革派対門閥派による派閥抗争の幕開けということもできる。じっさい斉昭の藩主就任を契機に両者の対立は激化し、元治元年（一八六四）三月天狗党の筑波山義挙をピークとして血みどろの藩内抗争は明治の世になってさえ尾を引くのであった。

斉昭の推進する藩政改革に憤慨するのは門閥派だけではなかった。幕府も同じ。そのため老中の阿部正弘は土井利位、牧野忠雅らと連署で召喚状を送り、斉昭を尋問する。一連の改革は幕府の法度に抵触するだけでなくその行動は藩主の驕慢、勝手気まま、放縦にすぎると断じ、斉昭に対して隠居謹慎ならびに家督譲渡を申し渡すのだった。かくして斉昭は失脚し、藩主の座を嫡男鶴千代麿（後の慶篤）に譲る。弘化元年（一八四四）五月。斉昭十五年の藩主在任であった。

政治の舞台から抹殺されたのである。だいたいならこれで出番を失い、過去の人になる。ところが斉昭はちがった。とかく摩擦が絶えず、疎まれながらもしかし時代はそうした斉昭をむしろ必要としていた。ペリー来航はふたたび彼を政治の舞台に引き寄せたからだ。

黒船来航を契機として海上防備の重要性を認識した幕府は、早くから海防論を唱える斉昭を海防掛として幕政参与を申し付けるのだった。斉昭の復活。当節風にいえばこれはリニューアルだ。歴史の表舞台に復帰した斉昭は、かねて持論の攘夷論を展開し、鎖港、非交易を説いて井伊直弼ら開国派と鋭く対立した。この対立は安政五年（一八五八）六月の日米修好通商条約の調印を機にいよいよ先鋭化する。

調印を主導する井伊大老は朝廷の勅許を得ずに独断でこれを行った。それに激怒したのが斉昭だった。幕政参与を返上するとともに斉昭は、三家三卿の登城には定例日があるにもかかわらずそれを無視し、慶篤《よしあつ》、尾州藩主慶恕《よしくみ》をともなって江戸城に押しかけ、井伊大老を難詰したのだ。これがもとで斉昭は翌年八月、水戸に永蟄居を命じられ、今度こそ完全に政治家としての活躍の場が封じられた。

諸藩の尊攘派にとって斉昭はかけがいのない存在。それだけに彼を失うことは今後の尊攘運動を危うくしかねない懸念がある。とりわけ水戸藩の尊攘派に危機感は強かった。彼らにとってもはや井伊大老は国の政治を誤らせ、夷狄《いてき》に国を売る売国奴以外なにものでもない。このまま行けば国運はますます傾く。水戸藩士による井伊大老暗殺の背景にはこのような止むに止まれぬ切迫感があった。

万延元年三月、城中は桃の節句で華やいだ雰囲気につつまれていた。井伊直弼も、折から雪に見舞われながらも上気した面持ちで供侍を率いて登城する。五つ半というから、現在の時間でいえば午前九時ごろだった。

大老暗殺は水戸藩士が放った一発の銃声を合図にはじまった。だが大老の首級が挙がると同時に乱闘は収束し、その時間は「たばこ二服ばかりのあいだ」だったというから、まさに一瞬のできごとであったかも知れない。

斉昭こそ大老暗殺の黒幕――。大老暗殺には斉昭が陰で糸を引いていた――。

主君を失った彦根藩の、水戸藩に対するリベンジはかくして始まった。わけても小西貞義の憤りは深く、慷慨《こうがい》やみがたいものがあった。主君の暗殺を知ると小西はただちに脱藩して水戸領内に潜入し、植木職人になりすまして斉昭の屋敷に出入りしながら仇討ちの機会を探っていた。斉昭の命を狙うものはしかし小西だけではなかった。小西が暗殺をたくらむ四年前の安政三年三月、じつは斉昭は危うく毒殺にかかるところだったのだ。安政三年といえば門閥派がことごとく粛清され、しかもそのうえ同年四月には門閥派の中心人物であった結城寅寿が処刑されている。粛清されたもののなかには水戸藩のおかかえ医師の十河祐元もいた。医師を解職され、小普請組《こぶしんぐみ》に降格する。そのうえおまけに国元の水戸に左遷された。左遷の理由は明確でない。しかしこの命令が発せられる数日前の二月に発覚した毒殺未遂事件があったことは疑いない。

十河は例によって藩主慶篤の脈をはかり、問診などをおこなったところで次の間に下がり、薬の調合をはじめた。このとき、ひそかにしのばせてあった毒薬を懐中から取り出して混入しようとした。けれど側用人の厳しい目を外にそらすことができず、これを果たせなかった、というのが側用人が天狗派の重臣に伝えた報告だ。

この報告はさらに斉昭に伝えられ、斉昭はさらに家臣の高橋愛一郎に書状を送り、「ただちに召し捕り、兄弟ともども入牢せよ」と命じている。かくして水戸に左遷された十河は弟の広勤とともに獄舎に送られ、斬首刑に処せられる。罪状は「毒薬を調剤し、これを用いる」というものであった。

十河の毒殺計画は寸前のところで露見し、未遂に終わった。それから四年後、毒殺の記憶も消えかけていた斉昭のこころに再び悪夢が蘇る。彦根藩士小西貞義が抜きはなった一刀が胸深くえぐり、そのまま悶死するからである。八月十五日、斉昭は中秋の名月を愛《め》でるのを習いにしている。それを知った小西は斉昭の住まいの床下に潜伏し、四日三晩この機会を待ったという。ようやく月見の宴会も終わり、寝床に入るまえに厠に寄った斉昭が手洗鉢に手を入れたところに小西は躍り出て一太刀、斉昭の脇腹に浴びせた。

　斉昭は苦悶し、その場に崩れ落ちるとふたたび眼を開くことはなかったと水戸藩士床井親徳は日記『秘笈日録』で記している。日記はさらに、水戸藩は彦根藩に犯人の引き渡しを要求するに違いない、したがって小西は彦根には戻らずそのまま蝦夷《えぞ》に逃亡したとも述べている。

　床井の日記は相聞によるところ否定できず、しかも彼自身の思い込みや虚構も少なくないため、はたしてじっさい暗殺そのものがあったかどうかさえ疑わしい。とはいえ八月十五日、この日斉昭は急死している。死因は心筋梗塞であった。井伊直弼暗殺から五カ月後のことである。

## 十四　文久の毒殺の嵐・大津彦五郎、大橋訥庵《とつあん》らの怪死のこと

安政の大獄を発動し、仮借ない攘夷狩りを断行した井伊直弼は関鉄之助、稲田重蔵、蓮田市五郎および薩摩藩士の有村次左衛門ら十八名の水戸藩士によって万延元年（一八六〇）三月、桜田門外で殺害された。

井伊の首級をあげたことで宿怨《しゅくえん》をついに晴らした。だがここにいたるまでにはじつに多くの代価が支払われてきた。藤田東湖も戸田忠太夫も死に、徳川斉昭もすでに他界した。攘夷派の巨頭の相次ぐ死は水戸藩の革新派にとってこのうえない痛手であった。この損失をいかにくい止め、態勢を立て直すか。大津彦五郎はそのことに腐心した。それには江戸にいたのでは叶わない。大津は活動の場を江戸から霞ケ浦の東端にある玉造《たまつくり》に移し、そこを拠点に構えた。

桜田門事件で見せた薩摩藩の冷淡な姿勢から大津は、もはや薩摩藩は頼む相手でないことがわかった。だから薩摩藩と歩調を合わせ、あくまで共同戦線を張ることに固執する竹内百太郎や林忠左衛門らの主張には同意しかねるものがあった。彼らとは決別し、大津は玉造に移動して独自の行動に踏み切るのだった。大津のこの懸念はほどなくして的中する。というのは、竹内ら三十八名は薩摩藩によ

って身柄を拘束され、水戸藩に引き渡されたうえ水戸藩江戸屋敷に幽閉されるからだ。

竹内ら三十八名は、攘夷の先鋒たらんことを誓い、これを意見書にしたためて薩摩藩邸に提出した。

「外夷の勢焔に恐怖致し、一時偸安のため横浜村へ開港致し候より已来、人心居合はせず、世上騒がしく、彼は我が国の奸商愚民を欺き、珍玩を以て耳目の欲に走らせ、日用の品を掠取。漸々彼の術中に陥り、万民飢渇の患に及び、随て国家も罷弊に相成候時にいたり」と憤り、さらにこう訴えるのだ。

「不日に御人数差向遊ばされ、外夷共打払に相成り候はば、我々共及ばずながら先鋒つかまつるべしと必死に存詰罷在り候」

竹内らの懸命な説得は悲愴でさえあった。それにもかかわらず薩摩藩は首をたてに振ることはついになかった。いや、それればかりか竹内らを拘束し、水戸藩邸に引き渡すという仕打ちまでする。

「薩摩のイモどもめ、同志を売り渡すとはなんたることか……どこまで性根が腐っとるか」

薩摩藩のむごい仕打ちが大津には忌ま忌ましかった。しかしそういう大津も信頼した同志にやがては裏切られ、獄舎につながれたはてに毒殺という、無残な死に様をさらすのだった。

玉造に活動の拠点を移した大津彦五郎は水戸藩郷校の文武館に寄宿し、同志を糾合した。はたしてどれほどの勢力に発展したか、正確にはわからない。しかし大津らを「玉造勢」と称したところをみると数百人は擁したにちがいない。なにしろ当時、玉造の周辺には数千人近い攘夷派の連中が跋扈《ばっこ》していたというのだ。

玉造は水戸の南方にあった。そのため水戸藩南領《なんりょう》といわれた。この南領には「三館」といわれた郷校があった。つまり玉造の文武館、鹿島の神武館、小川の稽医館《けいいかん》がそうだ。そして攘夷派の連中はこの三館に多く寄宿していた。それは水戸藩庁から遠く、役所の監督や干渉がおよばない。霞ケ浦に面しているので船を使えば上総にも利根川にも近く、江戸に出るにも便利という地理的要因があったからだ。事実大津らは玉造で武装を整えたのち霞ケ浦から船を出して鹿島灘、さらに江戸湾に侵入して横浜港に上陸し、外人居留地を襲撃するという戦略を立てていた。

その一環として大津らは近郷近在の商人、農民、あるいは役人からも資金を集めていた。ところがその手口は相当に荒っぽかったらしい。断ろうものなら抜き身をちらつかせて凄んだ。まるで押し込み強盗となんら変わらない。口々に尊王攘夷を叫びながら荒くれ男どもが伸し歩き、金穀をゆすり取る。それに応じないものは反攘夷派とみなして容赦しない。商人たちはふるえあがり、要求に応じざるを得ない。そのため玉造勢はいよいよ居丈高になる。もっとも程度の差はあれ、稽医館でも神武館でも同様のことはやられていた。

藩庁の監督がおよばないことをさいわいに、攘夷派の行動は日増しにエスカレートしてゆき、南領一帯はほとんど無法地帯に陥っていた。しかし藩庁もこのまま放置はできない。武田耕雲斎《こううんさい》を鎮撫にあたらせた。耕雲斎は攘夷派に理解があり、彼を信頼するものは多かった。だから大津彦五郎も武装解除に応じたのだ。文久元年（一八六一）一月であった。

「我ら、もとより流血を好むにあらず。ただ夷人どもの勝手横暴な振るまいにわが日本が亡国の淵に追いやられることのみ、憂えるのでござる」

「貴殿のその高き志し、しかと役所に伝え、義勇の武士として遇すること誓って申し付ける」

事実武田耕雲斎はその通りに藩庁には伝え、大津らの情状酌量を訴えた。耕雲斎の慰撫を受け入れた大津らは、水戸城下の寺院に身柄をあずけられ、藩庁の裁きを待った。ここでも大津は自らの心情を上意書にしたため、藩庁に差し出していた。すなわち、開国反対の勅書を幕府に返納せんこと、攘夷断行を決すること、斉昭亡き後慶篤を擁して先君の遺志を貫徹することを縷々《るる》したためたのだ。

一月といえばまさに酷寒。暖をとることさえゆるされないまま大津、武田新之助、服部豊次郎ら九人の同志は劣悪非道な藩庁の扱いに憤怒するのだった。

「これでは約束が違う。義士として扱うと申したのは我らを捕らえる口実であったか……」

文久元年一月、大津彦五郎は獄死した。藩庁の裏切りに抗議し、一切の食を拒絶した四十九日目の絶食死であった。このとき大津彦五郎、二十四歳であった。大津につづいて武田新之助ら六名が獄死した。

後日水戸市中に大津の死因は毒殺であったという風聞が流れた。むろん今となってはそれを確かめる手立てはないが、思想強固な確信犯を抹殺するには毒殺がもっとも効果的。拷問や処刑は人々の同情を買い、かえって憎悪をあおることになるからだ。

大津彦五郎の毒殺の噂がまださめやらぬというのに、またも新たな毒殺の噂で水戸城内はもちきりだった。文久二年（一八六二）七月十二日、大橋訥庵《とつあん》が急死したからだ。

「どうやら先生は毒を盛られたらしい」

「幕府の連中ならそれぐらいはやりかねない」

「狂犬を野放しにしておくのは危険と思ったか……まったく卑劣、じつに許せん」

水戸藩の、とりわけ攘夷派にとって大橋訥庵の捕縛だけでも予期しないことだった。それが急死。しかも毒殺の疑いありというのだから受けた衝撃はけっして小さくなかった。

大橋訥庵は坂下門の変を計画した陰の首謀者だった。平山兵助、高畠房次郎ら水戸の脱藩浪士たちは桜田門事変、イギリス公使館襲撃の東禅寺《とうぜんじ》事変につづく第三の事変を画策していた。それがつまり輪王寺宮慈性法親王《りんのうじぐうじせいほうしんのう》を擁立して日光ないし筑波山に立てこもり、挙兵しようというものだった。そうした折、遊説で水戸を尋ねていた下野宇都宮出身の児島強介と親交を結ぶ。

児島は商家の息子であったが、若くして藤田東湖について攘夷論を学んだ関係から水戸藩には知り合いが多かった。また児島は大橋訥庵の門弟でもあった。儒学者の大橋は隅田川の東岸に面した小梅村で「思誠塾」を主宰していた。彼は江戸の豪商佐野屋大橋淡雅の養子であったが、一時期宇都宮藩に出仕したことがある。門弟に宇都宮藩士が少なくないのはこのためであった。児島の水戸遊説もじつは大橋の命を受けてのものだった。その児島を介して平山は大橋訥庵との関係を構築し、かねて計画中の輪王寺宮擁立を大橋に説いた。

「それはまことに結構な妙案。さっそく実行に移そうではありませんか。もはや事態は急迫しており、一刻の猶予もございません」

平山の計画に大橋は意を強くした。というのも大橋は、老中安藤対馬守信正《のぶまさ》が塙《はなわ》次郎に命じて孝明天皇の廃帝を調査させていた事実をとらえ、王政復古の時期いよいよ到来と意を決していたところに平山らの義挙計画だったからだ。大橋の胸中には平山の義挙と自分たちの計画を足して二で割る、新たな計画が早くも練り上げられていた。かくしてここに常野同盟が結ばれた。文久元年秋霜月のころであった。

大橋が立てた策とは何かといえば、輪王寺宮を奉じて攘夷の発布を朝廷に奏上すること、西国の攘夷諸藩を動員し、京都御所を守護するというものだった。この計画に沿って平山が輪王寺宮および同志糾合に奔走すれば、大橋の門弟で、津和野藩士の椋木八太郎は京都に潜入し、決起の端緒を開くため諸藩の説得にあたった。

けれど両者とも思い通りにことは運ばなかった。輪王寺宮の擁立はもとより水戸藩士の参加も見込めなかった。平山は身内からも見放され、まったく孤立してしまう。椋木も同様だった。西国の諸藩動員はおぼつかず、ついには幕吏に追跡されるといった、じつに惨憺たるものだった。そのため大橋は、決行の日を十二月十五日と定めた当初の計画を十二月二十八日と変更せざるを得なかった。

ところが一時期水戸に帰郷していた高畠房次郎や川辺左次衛門ら同志の出府が遅れたこと、宇都宮側の意志が必ずしも統一されてなかったこともあり、十二月二十八日から明春というように再び決起計画は延期された。計画が二転三転するなか文久元年の年は暮れ、大橋のこころにもいささかあせりの色がみえはじめた。年改まった文久二年一月八日、山木繁三郎を自邸に尋ねたのがその証拠だ。訪問の目的は、山木に一通の書状を手渡すことであった。

「何卒この書状を一橋公にお渡し願いたい」。書状とはすなわち斬奸趣意書《ざんかん》であった。これを一橋慶喜に渡してくれるよう山木に依頼したのだ。山木は慶喜の近習《きんじゅ》であった。

斬奸書は、これより十日はど前の文久元年十二月二十六日、平山と岡田が密議をかわし、（一）安藤対馬守を殺害して幕府を混乱させる。（二）決行後ただちに攘夷の勅許を朝廷に奏上する。（三）一橋慶喜を擁して日光山に挙兵するなどを確認した文書をもとに、大橋が加筆したものだ。もっとも起草者は原市之進とも椋木八太郎ともいわれ、大橋とは断定できない。

ともあれ斬奸書は内政問題と外交問題との二つからなり、大意はこうであった。

（一）皇女和宮の降家は公武合体を名として威力を以て強奪するもの。（二）皇女和宮を擁して交易勅許を要請するは必然。（三）勅許が得られなければ孝明天皇に退位を迫ろうとするのは将軍家を陥れるもの――。

外交問題については、（一）沿海測量を許可したことは日本の形勢を悪くする。（二）品川御殿山を公使館に貸与したことは江戸第一の要地を引き渡したに等しい。（三）外夷と結ぶは忠勇義憤の志を敵視すること。（四）シーボルトを政務につけるのは我が国の政道、君臣の大倫に反するもの――。

大橋はここで生涯の不覚をとった。事の重大さに驚愕した山木は用人を南町奉行の黒川盛泰のもとに遣わし、大橋捕縛を訴えるのだった。これで大橋らの計画はあっけなく露見し、かくして文久二年一月十二日、大橋訥庵は逮捕、翌十三日の早朝には子の正寿が逮捕され、揚屋《あがりや》入りと相成った。

ただし黒川の執拗な取り調べにもかかわらず、安藤襲撃に関する肝心の証拠はつかめなかった。したがってそれが一月十五日の坂下門の変につながるのだが、安藤襲撃を事前に阻止できなかったのは大橋の妻巻子が事あることをあらかじめ予見し、証拠書類の一切を焼却あるいは破棄してしまったからだ。巻子は夫を信頼し、よく仕えていた。だからこそこうした一大事に陥ってなお冷静な行動もとれたのであろう。

訥庵親子の捕縛は平山らの行動を一気に加速させた。平山は黒沢三郎ら水戸の同志を促すとともに下野の人河野顕三、越後十日町の人河本杜太郎ら六名とともに決起した。狙うは安藤対馬守信正。登城中の坂下門で襲うというものだ。いわゆるこれが後にいう坂下門の変だ。襲撃は安藤にかすり傷をおわす程度でおわり、逆に六名はその場で切り殺されて完全に失敗した。

この悲報を揚屋で聞いた大橋訥庵はただ瞑目《めいもく》するのみであった。大橋はその後、勅使として江戸に来ていた大原重徳が幕府に恩赦を求めたのを受け、七月七日獄舎から宇都宮藩邸に移された。

ところが五日目の七月十二日、訥庵は急死する。とくに生命にかかわるほどの病があったわけでもない訥庵の突然の死に、不信感を抱いた人の脳裏には毒殺がよぎった。

# 十五　無残極まるお蓮毒殺のこと

清河八郎の内縁の妻、お蓮はもと遊女であったという。けれど聡明で機転のきく女性であったともいう。それもそうだろう。事情があって酒田の遊女屋にあがっているが、もとは羽前（山形県）田川郡熊井出村の医者の娘として生まれているのだ。しかしそのお蓮の死ほど無残極まりないものはない。女囚となったお蓮に、幕吏はあらんかぎりの拷問をおこない、あげくのはてには毒殺するからだ。そのため清河はお蓮の死を哀れむと同時に倒幕運動にいっそう傾斜してゆくのだった。

清河八郎は庄内藩の尊攘派郷士であった。父の感化を受けて早くから攘夷思想に目覚め、弘化二年（一八四五）、父に無断で江戸に出奔する。けれど弱冠十五歳の少年に江戸は冷たかったらしく、ほとんど同時に帰郷している。そして二年後の弘化四年、十七歳のとき二度目の江戸行きを決行し、東条一堂の門人になった。そもそも清河の江戸行きは、「草莽の志士出でよ」と叫びながら憤死した吉田松陰の檄《げき》に触発されたものだ。それだけに胸には天下人たらんとする野望がふつふつとみなぎっていた。

清河は千葉周作の道場で剣術を学んだ。そして安政六年（一八五九）秋、神田お玉が池に念願の

「文武指南所」を設立する。念願と言ったのは、従来文と武とはまったく別物と考えられてきた。しかし清河はこれを統一させた文武一道の法を門弟たちに教えたのだ。このような斬新さが門人をますます引き付けることとなり清河の声が高まるにつれて文武指南所はいつしか攘夷派の解放区、アジトと化していった。

しかし好事魔多し、というたとえの通り、ものごとが順風満帆なときほど思わぬ落とし穴がある。清河八郎の場合、町人の無礼打ちがそうだった。事件は文久元年（一八六一）五月、日本橋甚衛門町でおこった。薩摩藩士の伊牟田尚平、安芸藩士の池田徳太郎らと両国の料理屋で一献かたむけたのちお玉が池の自宅に帰る途中、横合いから突進してきた町人風の男が清河の胸にドーンとぶつかってきたのである。

「どこを見て歩いてるんだこの田舎侍め」

自分のほうからぶつかっておきながら、男は顔を真っ赤にして怒鳴りつけた。清河も黙ってはいない。

「何をっ、この無礼者め」

といったが早いか清河の右手は鯉口《こいくち》を切って町人の脳天を真っ二つに割っていた。顔面を血みどろにした町人はうめき声を発するとその場にのたうちまわり、やがて悶絶した。

千葉道場で鍛えたから剣には自信がある。そのうえ酒の酔いもあった。それがかえって清河を短慮にさせてしまった。足元の、転げた町人の死体を見てそのことに気づいたが、すでにあとの祭りだった。

「とにかくここにいてはまずい。ひとまず逃げよう」

「ばらばらに逃げよう。お玉が池で落ち合おう」

お玉が池とは文武指南所だ。伊牟田らの指示でようやく我に返った清河は群衆をかきわけ、ともかくその場から逃走した。しかしこれを契機に清河は髪を半髪に結い、変装しながら幕吏の追及をかいくぐり、江戸から水戸、会津、越後へと逃避行をつづけ、さらに九州肥後に向かった。

ただし単なる逃避行ではない。向かう先々で清河は同志を糾合していた。朝廷を擁して尊王攘夷を断行する。これが清河の悲願であった。そのため後に清河は越前藩主松平慶永《よしなが》（春嶽《しゅんがく》）の斡旋で幕府の用心になるとともに町人斬りの罪を免責され、さらに将軍家茂《いえもち》の警護の浪士組結成を命じられて上洛する。だが、上洛直後、「我らが任務は将軍警護にあらず。皇命を奉戴し、尊王攘夷、尊王倒幕をもって日本国を救出するにある」と、二百五十名の同志の前で堂々と宣言するのも当然のことだったのだ。

だがこれは文久三年一月になってからのこと。したがって文久二年秋のころはまだ諸国を逃亡中であった。厳しい幕府の探索にもかかわらず清河の行方はようとしてわからない。幕府は清河を抹殺することが真の狙いであった。米国の通訳官で幕府に開国を強く迫っていたヒュースケンを麻布中ノ橋で切り殺したのも清河の文武指南所に出入りしていた門人であり、さらに清河が横浜の外人居留地焼き打ちを画策していることも幕府は探知していた。そこえもってきての町人殺しである。清河逮捕の口実はそろっていた。とはいうものの江戸を脱出してからの清河の足取りはまったくつかめない。そのいら立ちを幕府はお蓮に向けた。お蓮の厳しい追及と拷問がはじまった。

「清河はどこにおる」

「知りませぬ」

「夫婦のおまえが知らぬはずあるまい」

「夫婦でも男のやることなどなんでおなごの私がわかりましょう」

「うぬぅ……ほざくなこのアマめっ。吐け、吐け、吐かんかこの強情女めっ」

取り調べの役人が振り上げた箒尻《ほうきじり》がお蓮の背後で唸った。砂利の上に正座させられ、両手が後ろで縛られたお蓮の顔は、激痛で歪んだ。だが吐かない。それぱかりか逆ににらみ返す。しかしそれがかえって役人の憎悪をあおった。

「うぅーん、この強情アマめ」

鞭打ちで白状しなければもっと厳しい「石問い」が待っている。三角形に削った松材の上に座らせ、膝の上に長さ三尺、幅一尺、厚さ三寸の伊豆石を載せるのだが、これ一本だけでも約四十五キロの重量があったという。一本ではまだ自白しない。ならば二本、三本と積み上げてゆく。とがった松材がスネにめり込む。肉が裂け、血が噴き出す。

「さぁ言え。清河はどこにおるんじゃ。いわんならもっと締め上げるぞ」

激痛と恐怖心でたいがいのものなら悶絶し、ついには自白する。だがお蓮は頑なにも口を割らなかった。そのためより苛酷な拷問が繰り返される。海老責め、釣り責め、尿責め、水問い、糞問い、木馬責め――などなど。

このような名称だけでもいかに残酷かつ非人道的な拷問か想像がつく。とりわけ木馬責めは女囚にとってこのうえない、恥辱にみちた拷問であった。馬のかたちをした木製の台の背に、下半身が剝き出しになった女囚を跨がせる。馬の背は女囚の局部に密着するように、これまたするどくこそげ立っている。体重あるいは摩擦で皮膚は裂け、血がしたたり落ちる。それでもまだシラを切ろうものなら今度は馬を前後にゆする。馬の背はより深く、そしてするどく局所をなぶり、裂け目を広げてゆく。

拷問がおこなわれた現場には悲鳴やうめき声がこだまし、血しぶきが舞い、糞や尿あるいは吐瀉物《としゃぶつ》がごちゃまぜになって散乱する。さながら阿鼻叫喚の地獄絵を見る思いだったにちがいない。

文久二年八月、庄内藩に身柄を移されたお蓮は、そこで獄死した。死因は麻疹《はしか》だったという。当時江戸ではコレラ、麻疹、あるいは疱瘡などの疫病が流行し、死去するものおびただしかった。

連日の厳しい拷問と追及で衰弱しきっていたところに流行り病が重なったため、いかなる医師をもってしても蘇生の望みはほとんど絶望的だったという。取り調べに当たった伊藤小介もお蓮の死をこのように記している。

「養生中御屋敷へ御預り相成り候処、昨七日明け六つ時病死致され申し候。さて色々御取り扱ひ申し上げ候詮も御座無く候。不憫至極に存じ奉り候。明九日ご検使、御目付方御遣し候旨、御沙汰に御座候。御検使済みの後、取片付の儀、御達しこれあるべく、其節は東禅寺に仮葬致し置き申すべく候間、その後の御取扱ひ向き、ご親類の方、御登り成され候や、また何らか仰せ出されに次第取扱ひをなし申すべく、先ず以てさし当たり候ところ、それぞれ不都合これなきやう、取り計らひ置き申し候」

このように伝えたうえでさらに伊藤はお蓮の死がかならずしも麻疹が原因でないことを記している。

「素より寿命とも申し難く候。うわさを申すことも御座候間、何かと追善御営み下されたきものに御座候」

つまり単に寿命が尽きたのではない。お蓮の死は別のところにある、と伊藤はいうのだ。とすれば、毒殺ということになる。

お蓮毒殺――。うわさはたちまち江戸中に広まった。清河も、むろん潜伏先で耳にしていた。出羽酒田の遊女屋で出会ったのをきっかけに懇ろとなった清河は、以来本妻以上の扱いをせよと両親に伝え、自分もまた終生お蓮を慕っていた。そのため、「我が妹の／逢うて置かれし膚のきぬ／名をもとどめて懐にせん」など、お蓮をうたった歌も少なくない。

そのような清河八郎も、文久三年四月十三日夜半、上山藩金子与三郎の招きに応じて酒宴を張った帰路、麻布一ノ橋にさしかかったところで浪士組隊士の佐々木只三郎に闇討ちされ、絶命する。お蓮の死から九カ月後、三十三歳の生涯であった。

# 十六　哀れ皇女和宮《かずのみや》、夫家茂《いえもち》と兄孝明天皇を毒殺で同時に失うのこと

いかに時代の巡り合わせが悪いとはいえ、皇女和宮《かずのみや》ほど哀れな女性もすくない。なにしろわずか四年そこそこの結婚生活で愛する夫を失い、さらにその五カ月後、夫の死の悲しみがまだ癒えないというのに、今度は異母兄の孝明《こうめい》天皇までも亡くすからである。

信頼し、愛すべき人をほとんど同時に失った和宮の落胆を、しかしより深くしたのは両名とも死因は毒殺、しかもおまけに下手人はどうやら同一人物らしいということが明らかになったからだ。

ならばその下手人とはいったい誰か、ということになる。けれどこれに触れるまえに、まずは家茂《いえもち》が死にいたるまでの経過をたどっておく必要があろう。

家茂は十二歳で十四代将軍に就任した。これは、将軍の座をめぐって一橋派と紀州派が激烈なデッドヒートを繰り広げた結果だった。その意味で家茂は、すでに悲劇的な結末を運命づけられての将軍継嗣といえなくもない。

十三代将軍家定には子がいなかった。病弱、凡庸といわれ、性的にも不能だったらしい。当然のこととして次の将軍を誰にするか決めなければならない。幕閣は侃々諤々《かんかんがくがく》、議論が沸騰した。

将軍にお世継ぎがいない場合は徳川御三家のうちの尾張徳川および紀州徳川から抜擢《ばってき》することになっている。しかし両家にも候補者がいないときは清水、田安、一橋の三家から選抜する建前になっている。そこで家定亡き後の将軍として候補に挙がったのが徳川斉昭、松平慶永らが推挙する一橋慶喜《よしのぶ》、これに対して井伊直弼らが推す紀州藩主の徳川慶福《よしとみ》（家茂）の二人であった。

慶喜は徳川斉昭の子で幼名を七郎麿といった。幼少のころから聡明で、すぐれた素質の持ち主といわれ、評判の神童であったらしい。嘉永元年（一八四八）十一歳のときに一橋家に養子に入り、将軍継嗣問題が起こったとき二十一歳、さっそうたる青年であった。

一方家茂は弘化三年（一八四六）五月、紀伊藩主徳川斉順の長男、幼名・慶福として生まれた。けれど斉順は家茂が生まれる十六日前に死去している。そのため家茂は父親の顔を知らない。家茂は、斉順亡き後藩主になったオジの斉彊《なりかつ》の養子となる。けれどそのオジも直後に他界し、家茂は四歳で紀州十三代藩主に着任する。

それからちょうど八年後、家茂は将軍に推される。けれど開国か攘夷かで物情騒然とし、混迷の度を日増しに深めてゆくその政局の舵取りをゆだねるには年齢的にも能力的にも不安があるとして、斉昭らは家茂の将軍継嗣に強く反発した。ところが大老の職に就き、幕政の中枢を掌握した直弼は職権を行使して反対派を強引に封じ込め、家茂の次期将軍を決定する。そのうえ斉昭や慶永らには隠居謹慎、慶喜には登城停止という報復に出た。これが世に言う「安政の大獄」のはじまりだ。

大人たちの打算や駆け引き、あるいは思惑が複雑にからみあった将軍継嗣問題。政治や時代に翻弄されつつも家茂は、とにかく激しい抗争をくぐり抜けてついに勝ち取った将軍の座であった。晴れて天下の為政者たらんとしたかにみえたが、弱冠十二歳の家茂にはやはり荷が重かったらしい。じじつ二十歳のとき家茂は将軍職を自ら放棄するとして、朝廷に辞表を提出するといった前代未聞の行動をとっている。

将軍家茂が結婚したのは十七歳。文久二年二月十一日であった。新婦は仁孝《にんこう》天皇の八女、和宮内親王で、やはり十七歳であった。

和宮の輿入れは、いわば政略結婚であった。米国などの外圧に屈した開国派に攘夷派は激しく反発し、江戸や京都を舞台に両派が暗殺、謀略、あるいはクーデターをめぐらし、政局は混沌としていた。これを打開する策として幕府は老中の久世広周《くぜひろちか》、安藤信正《のぶまさ》らが中心となって公武合体を画策する。幕府と朝廷が一体となって難局を乗り切ろうというのだ。その具体的な対策として皇女和宮を家茂に降嫁させることであった。

ただし幕府が描いた公武合体は、井伊直弼の死によってゆらぎはじめた幕府の威信を皇室と結ばれることで回復し、さらに幕政を強化するというものであった。

一方朝廷側にも公武合体を利用しようとするものがいた。岩倉具視だ。岩倉は公武合体を機に幕府に恩を売り、朝廷の発言力を強化するという思惑があった。朝幕の利害はここで完全に一致した。

しかし結婚の当時者である家茂も和宮もこの縁談に気がすすまなかった。家茂は、結局破談したが、安政五年（一八五八）十三歳のとき伏見宮貞教《さだのり》親王の妹倫宮則子《みちのみやのりこ》との縁談があった。しかし、これは破談になった。さらには、ひな、という十八歳の女中ともいい関係になっていた。けれど、そのひなともうまくゆかず毒殺にかけていた。

麻布仙台坂下の善福寺住職広濵和尚の娘であったひなは、旗本の松平某の娘として城に登る。小柄ながらなかなかの器量よしだったらしい。しかも温和な性格なため家茂はたちまち見初める。和宮との婚約を拒んだのはこのためだった。困惑した幕閣は老女の滝山をつかい、ひなをひそかに毒殺するのだった。万延元年（一八六〇）であった。

和宮もこの縁談を断っていた。彼女にはすでに六歳のとき、十七歳の有栖川宮熾仁《ありすがわのみやたるひと》親王との婚約が交わされていた。そのようなこともあり、「東国は夷人が徘徊する」「東の代官（幕府）などに行きとうない」などといって岩倉ら公武合体派の公家を当惑させた。

その和宮が家茂降嫁に応じたのは、兄の孝明天皇が岩倉具視の奏上を受け入れ、勅許を下したからだ。

天保十一年（一八四〇）三月即位した孝明天皇も、朝廷の意向を無視し、暴走する幕府には苦慮していた。そのようなところに、「条約破棄および朝権奪還を条件に降嫁の勅許を」との岩倉の意見具申に孝明天皇は同意する。

かくして朝幕融和の公武合体は成立する。しかしその実態は呉越同舟、同床異夢といってよい。幕府には幕府の思惑があり、朝廷には朝廷の打算があったからだ。両者の、このような政治的戦略を背景とした和宮降嫁。政略結婚といわれるゆえんはしたがってここにある。

とはいうものの、実際結婚してみると二人はしごく円満。夫婦愛に満ちたものだった。しかも後になって和宮は、鳥羽・伏見の戦いで幕府軍が敗れ、虎口を脱出した徳川慶喜に対する官軍の追討令には決死の覚悟で助命嘆願に動き、徳川家存続、官軍の江戸進撃阻止など家茂の遺志を貫くのであった。

家茂は文久三年三月、上洛する。これは家光以来途絶えていた将軍上洛の、じつに二百三十年ぶりの復活だった。そのため攘夷祈願で賀茂社に参拝する途中、高杉晋作に「征夷大将軍っ」と野次られる始末。将軍の面目は丸つぶれだった。

攘夷論者の激しい巻き返しに公武合体派はしばしば立ち往生した。そのため朝廷は薩摩藩や会津藩と連携し、強硬に攘夷を唱える長州藩を京都から一掃するというクーデターを画策する。いわゆるこれが「八・十一政変」だが、長州藩追討に家茂はふたたび上洛を命じられ、大坂城に陣を張った。

しかし将軍といえども、もはやかつてほどの威信も権威もない。長州藩の反幕姿勢はより強硬になり、支藩の徳山藩主、岩国藩主にいたっては、家茂が下した出頭命令にさえ仮病をつかってこれを黙殺するほどだった。

攘夷派にあなどられ、そのうえおまけに家茂は、勅許を得ずに独断で兵庫開港に踏み切ったことを朝廷から強く咎められ、老中の阿部正外《まさとう》、松前崇広《まつまえたかひろ》の罷免を求められたことでいよいよ進退きわまった。そのためついに家茂は、兵庫開港の勅許、両老中の罷免解除を条件に、将軍辞職を朝廷に申し入れる。

将軍始まって以来のこの前代未聞な行動に慌てた慶喜は翻意につとめ、ひとまずことなきを得た。そんなこんなで心労がかさなったうえに江戸帰還のめどもたたない。江戸には愛する和宮が待っているというのに。そうしたことが家茂の病状を悪化させる要因であったかも知れない。

慶応二年（一八六六）春頃より家茂は体調不良を訴えるようになった。日が経つにつれて衰弱が目立つようになる。喉や胃腸に痛みをおぼえ、さらに脚気の症状も現れた。蘭医、あるいは漢方医などあらゆる手を尽くした。だが回復のきざしはなく、むしろ悪化するばかり。しかもそのうちに気が狂ったかのように、あらぬことを口走ることさえあった。

「大坂夏の陣で討ち死になされた豊臣秀頼公と淀君殿の怨霊が私のからだに取り憑いて離れぬ」

――などと。

慶応二年七月二十日、家茂は薨去《こうきょ》した。わずか二十一歳。まことに短い生涯であった。

和宮は二十一歳で寡婦になった。彼女は剃髪し、静寛院《せいかんいん》という院号を名乗った。

家茂の死が公表されたのは死から一カ月後の、八月二十日であった。先代の家定のときも死亡が公にされたのは一カ月後だった。そのため「死亡を隠してるのは毒殺されたからに違いない」との噂をあおる結果になった。この懸念は案の定、同じように家茂にも持たれた。

「上様は毒殺されたに決まってる。でなきゃ一カ月も隠しとく道理がねぇ」

「じゃぁ、下手人はいったいどこのどいつでぇ」

人々の関心は毒殺をはかった犯人に集まる。

「決まってんだろ、上様が死んで一番よろこぶやつだよ」

「するってぇと、公家の岩倉具視ってことかい」

公武合体を画策した岩倉を親幕とみた攘夷派は彼を朝廷から追放し、洛北の岩倉村に蟄居させた。ところが岩倉の、策士としての政治手腕に目をつけた薩摩藩は慶応二年一月、薩長同盟の成立を機会に岩倉を抱き込み、倒幕の旗色を鮮明にする。公武合体派から倒幕派に転じた岩倉。彼にとって倒幕を果たすには当然将軍が邪魔になった。

家茂の死去でわずか四年たらずの結婚生活は破綻した。そのうえ母の観行院、さらには兄の孝明天皇までも失う。失意にうちひしがれた和宮の心中、はたしていかばかりであったか。

慶応二年(一八六六)十二月二十五日、孝明天皇は薨去された。三十六歳だったというからじつに惜しまれる死だった。それだけにまたしても「天皇様は毒殺された」「岩倉のやつが一服盛ったにちがいない」という風聞がさかんに飛び交った。

## 十七　孝明天皇崩御にちらつく岩倉具視毒殺のこと

機を見るに敏。あるいは気に臨み変に応ず――。このたとえは岩倉具視のためにあるといってもよい。

それというのも、あるときは公武合体派の旗振り役として和宮内親宮と将軍家茂との婚姻を強力に画策し、あるときは親幕派として暗躍し、時代状況が倒幕に大きく傾くとすかさず尊王攘夷に転じ、そのたびに謀略家としての本領を存分に発揮し、明治新政府ではついに右大臣にまで昇り詰め、政権の中枢に食い込むからである。

このような人物を世間では、時流を摑むのがうまく世渡り上手といい、合理主義者という。もっとも、悪くいえば日和見主義、ご都合主義、無節操ともいう。それぐらいだから敵も少なくなかった。左遷、追放、暗殺など――。彼の身辺にはこのような危険が絶えずつきまとっていた。

それにもかかわらず苦境をくぐり抜け、あたかも不死鳥のごとく歴史の表舞台に復活しては時代を動かしていった。これもまた、機を見るに敏な岩倉具視《ともみ》なればこそ可能なわざだ。しかし考えてみれば、これも動乱の世を巧みに生き残るためには必要な処世術だったかも知れない。

ともあれ生きんがためには思想もヘチマもない。行動を決めるのは、自分にとってそれが有利か不利か、損か得か、これだけだ。孝明天皇の毒殺も、損か得か天秤にかけ、得とわかったから岩倉具視は決行したのだ。その証拠が、孝明天皇の死を契機に彼の存在がふたたび注目を浴びるようになったという事実だ。つまり歴史の表面に躍り出たのだ。

ハリスの要求を入れて日米通商修好条約締結に踏み出した幕府は勅許を求めて安政五年（一八五八）二月、老中堀田正睦《まさよし》が京都御所に参内した。しかし強硬な攘夷論者であった岩倉具視はこれに反対し、堀田を手ぶらで江戸に追い返すとともに尊王攘夷派の公家を宮廷内に組織した。岩倉具視の、これが歴史の表舞台に躍り出るそもそもの第一歩であった。岩倉具視、このとき三十三歳であった。

文政八年（一八二五）、岩倉具視は堀河康親の子として生まれた。堀河康親は参議正三位。わずか百八十石取りの貧乏公家だった。そのせいかどうか、具視はのちに、同じく公家の岩倉家に養子に入る。

通商条約締結反対。開港不可の攘夷派公家を束ねた岩倉具視が向けた次なる攻撃の矛先は九条尚忠《ひさただ》だった。九条尚忠は、堀田正睦が条約の勅許をもとめて上洛したときは不許の姿勢でこれに対処した。ところが臣下の島田左近や井伊直弼の腹心である長野主膳《しゆぜん》らの懐柔策に操られ、次第に勅許論に傾斜してゆく。

日米通商修好条約は、外交交渉を知らず、またその戦略もまったく持たない日本の無知蒙昧さをいいことに、米国流のデマゴギーと威嚇にまんまとハメられた締結と断言してよい。そのため条約そのものも日本にきわめて不利な不平等条約であった。関税率制度などはその端的な例だ。近代国家間の条約では、互いに任意で関税率を定めるのが容認されている。それにもかかわらずこの日米通商修好条約では米国の承認なくして関税率は決定できないとなっており、日本側の関税の自主権が完全に奪われているのだ。

ともあれ日米通商修好条約はかような片務的な条約であった。当然幕府内では、条約締結やむなしとする大老の井伊直弼ら容認派と断固拒否を主張してゆずらない徳川斉昭《なりあき》、土佐藩主の山内豊信《とよしげ》あるいは越前藩主の松平慶永《よしなが》ら反対派が対立した。

一方朝廷内も同様だった。当初朝廷内は締結反対で統一していた。「夷人願通りに相成候ては天下之一大事之上、私代より加様之儀相成り候ては後々までの恥じ……」とまで言い切って、孝明天皇などは米国の言いなりになって開港に同意するのは後世までも自分の恥をさらすことになるためこれを認めぬ、との決意を示すのだった。岩倉具視もその列に連なっていた。ところが九条尚忠は関白という自分の立場も顧みず、あたかも手のひらを返すごとく、それまでの勅許不可の姿勢から容認に変節するのだった。この変化には長野主膳の賄賂攻勢があった。長野は賄賂を使って島田左近を抱き込み、その島田を使って九条尚忠を説得したのだ。

島田左近が受け取った賄賂は一万両にも達し、それを元に金貸しをはじめたり、複数の妾を囲ったりしていたとの噂が絶えなかった。その賄賂の一部は九条尚忠にも流れたとみていいだろう。そうでなければ九条の豹変は理解できない。九条尚忠は朝議で決定した勅許不可を覆し、幕府委任を主張するのだった。

石見の百姓の倅に生まれ、京都の商家で手代として働いているとき宮家とのつながりができたとも、美濃の山伏の伜、あるいは神官の伜として生まれ、九条家の家臣島田家の入り婿になったなどさまざまな説がある島田左近の出自や生い立ちには謎が多く、確たる点は不明だった。

九条尚忠の威を借り、羽振りを聞かせる島田左近。長野主膳から賄賂をしこたませしめるや一旦は勅許不可で統一した朝議を翻し、容認に逆転させる。さらには皇女和宮の降嫁に深く関与するなど、朝幕を裏から操っていた。そのため攘夷派に付け狙われるところとなり、文久二年（一八六二）七月、薩摩藩士田中新兵衛、鵜木孫兵衛ら三人によってついに暗殺され、その首は加茂川筋の先斗町に梟首された。島田の暗殺を契機に目明かし文吉の絞殺、村山可寿江《かずえ》の生き晒しへとひろがった。文吉は島田の手足となって京都在住の攘夷派をことごとく逮捕した人物、可寿江は長野主膳の妾であった。

はなしが横道に逸れてしまった。ここらで岩倉具視にもどそう。

九条尚忠は太閤の鷹司政通と謀って開港の論陣を張った。堀田正睦の賄賂攻勢が功を奏したのだ。ところがこの策謀は反転攻勢に打って出た岩倉具視や三条実美《さねとみ》らによって覆され、朝議はふたたび締結不可に揺り戻された。

容認か、はたまた不可か。抗争を繰り返す朝廷。それを尻目に、しかし井伊大老は条約締結の方向で事をすすめていた。そしてついに安政五年（一八五八）六月、下田奉行井上清直とハリスのあいだで日米通商修好条約が調印された。朝廷の許可を待たず、井伊は独断で強行突破したのだ。

井伊はさらに、家定亡き後の将軍後継問題でも紀州藩主慶福《よしとみ》（後の家茂）を推挙し、慶喜を推す徳川斉昭らを力ずくで押さえ込む。このような井伊の独断専横は攘夷派を激高させ、やがて水戸藩士らによる桜田門外の暗殺へと行き着くのだった。

井伊大老の死は、皮肉にも条約締結をめぐってギクシャクしていた朝幕の関係修復の切っ掛けをつくった。それを象徴するのが孝明天皇の妹である和宮と将軍家茂の婚姻だ。孝明天皇はこの結婚話に乗り気ではなかった。勅許を待たずに条約締結に踏み切った幕府に対する不信感は浅くなかったからだ。だが和宮降嫁に熱心な人物もいた。岩倉具視だ。

井伊の跡を継いだ老中安藤信正は朝幕融和をはかるため公武合体を模索した。岩倉具視もこの策にのり、久我建通《くがたてみち》、千種有文《ちぐさありふみ》あるいは実妹堀河紀子《ほりかわのりこ》や今城重子《いまじょうしげこ》らを引き込んで宮廷内を公武合体派で固め、つづいて薩摩藩主の島津久光とも連携した。

和宮は孝明天皇の妹として弘化三年（一八四六）に生まれ、六歳のとき有栖川宮熾仁《たるひと》親王との婚約が成立し、輿入れの日取りまで決まっていた。岩倉はそれを承知で二人のあいだを引き裂き、あえて家茂との婚姻を強引にすすめたのだ。ならばなにゆえこうまで積極的であったのか、という疑問がここに湧く。それは、和宮を嫁がせることで幕府に恩を売り、朝廷の威信回復をはかる。さらには朝幕双方に自分の存在、あるいは発言力を強固なものにしておきたいという打算があったからにほかならない。

攘夷派から公武合体派に転向した岩倉具視。この変わり身の素早さはしかし尊攘派の反感を誘発した。岩倉を親幕派とみなした越後の志士本間精一郎は久我建通、堀河紀子、岩倉具視と手を組んだ公家らを四奸二嬪と罵倒し、宮廷から追放するとともに洛北の岩倉村に幽閉した。

宮廷内の地位も発言力も一気に剝奪され、落魄の身をかこった。とはいえこれでおわるような、そんなヤワな岩倉具視ではない。復活の時期を待った。岩倉がいかにしたたかな男であったか。その一端をしめすのがつぎのようなエピソードだ。岩倉は貧乏公家だった。そこへもってきて宮廷から追放されたのだから収入の道は閉ざされてしまった。そこで岩倉が考えたのは屋敷内で賭博をひらくことだった。たとえ幕府の捕り方といえども公家の邸内に入ることは禁じられている。岩倉はこの特権を利用し、屋敷内に博徒を呼んでそのテラ銭を生活のしのぎにしていた。

岩倉の復活のときは早くも到来した。博徒にまぎれて足繁く通う薩摩藩士の大久保利通（一蔵）と接触をはかったからだ。大久保は、幕府の衰退がいちじるしいこの時期こそ倒幕の好機、と吹き込み、岩倉もその論に次第に傾斜してゆく。公武合体派から倒幕派への鞍替えだ。

その岩倉、蟄居謹慎の身であるのも顧みず公卿千種有文を通じ、事実上の退位とも読み取れる文書を孝明天皇に突き付けるのだった。全国の尊攘派を結集するには天皇自ら罪を認め、聖慮をもって勅書渙発《かんぱつ》していただきたい、と上奏したのだ。

けれど孝明天皇はこれを黙殺した。天皇にしてみればじつに片腹痛いはなしだったのだ。公武合体派と手を組み、和宮降嫁では裏に表に画策した。時勢が変われば今度は倒幕を語る。岩倉の、そうした無節操を見抜いていたから孝明天皇はハナから取り合わなかった。しかもおまけに岩倉は、岩倉村に追放されたのを恨み、自分に鴆毒を盛り、毒殺をはかろうとした張本人とうわささされ、尊攘派浪士に脅迫状を投げ込まれた人物。天皇にとって岩倉は油断もスキもない男だった。

黙殺されたのに比例して岩倉は薩摩藩との同盟関係を強くする。慶応二年（一八六六）十月、薩長両藩に倒幕の密勅が言い渡されると岩倉具視は大久保利通と結託して中川宮《なかがわのみや》や九条関白ら親幕派を宮中から追い出し、間髪おかずに王政復古のクーデターを決行。新政府樹立を強行する。慶応二年十二月九日だった。

じつはこのころ宮廷ではもうひとつ、公家たちの権力闘争とは別な事件で騒然としていた。孝明天皇の様子が急変するからだ。風邪気味であったにもかかわらず、宮中の行事である十二月十一日の内侍所の御神楽に出席した。どうやらこれがいけなかったらしい。翌十二日にはひどい高熱を発し、典医たちが手当てする。ところが十三日になるとますます症状は悪化。不眠、食欲不振あるいはうわ言を発し、苦悶するといったありさまだった。

典医は十五人態勢で治療にあたった。けれど容体は日増しに悪化し、顔面に吹き出物があらわれ、食事ものどを通らない。そして十二月十七日、十五名の典医は、天皇の病は痘瘡と診断する。

痘瘡とはすなわち天然痘。高熱、悪寒、頭痛などを訴え、発疹が生じる。今でこそ適切な治療法もあるが、一八六〇年代の当時は死亡率の高い病気だった。じっさい孝明天皇も次第に重体に陥った。吹き出物が激増し、膿汁が顔面から吹き出す。

けれど十二月十九日ごろになると症状は峠を越えてやや快方に向かう。食欲も出てきて吹き出物も引き、膿汁もとまる。このまま持ち直すかにみえた。それだけに二十四日夜半のぶり返しは予想外であった。発熱と嘔吐がつづき、下痢も止まらなかった。

二十五日になるといよいよ衰弱がひどく、危篤状態に陥る。急ぎ甚海和尚を呼び付け、加持祈禱をおこなうもののときすでに遅く、深夜二時半ごろ孝明天皇は息を引き取る。三十六歳の生涯であった。

天皇の死は伏せられた。けれどこれがかえって疑惑を生む結果になった。

「快方にむかっていた天子様だったのに、それが死んだっていうのはおそらく一服盛られたせいだ」

「天子様は筆先をなめるのがクセだった。それを知ってるだれかがすずりに毒を染み込ませておいたに違いねぇ」

「黒幕は、どうやら岩倉具視っていうお公家らしい。岩倉様は妹の堀河紀子をそそのかして毒を盛ったたってわけよ」

などなどの毒殺説が流布された。

岩倉具視と孝明天皇は互いに宿敵であったこと、岩倉は天皇を暗愚《あんぐ》呼ばわりしてはばからなかったこと、宮廷から追放されたさいにも孝明天皇の毒殺説が流れ、岩倉具視の名が取り沙汰されたなどが庶民の念頭から消えていなかったのだ。

じじつ、孝明天皇の死をもっとも喜び、歓迎したいのはほかでもない、岩倉具視だ。あたかも孝明天皇の死を待っていたかのように、岩倉の、孝明天皇亡き後の行動は俄然たくましくなる。睦仁親王が践祚すると岩倉具視は蟄居が解かれ、そのまま王政復古へと一気に加速する。

明治に入ってからの岩倉具視の活躍はすでにご存じの通り。明治四年十一月、岩倉は特命全権大使となって大久保利通、伊藤博文らを率いて欧米視察に出発。さらに帰国後は征韓論者の西郷隆盛、江藤新平らを政権から追放し、自らは右大臣に就任して事実上政治の実権を握るまでになる。

機に臨んで変に応ずる――。まさにこのたとえを地でゆく岩倉具視。時代の赴くところを巧みに嗅ぎわけるその鋭い嗅覚が、しかし岩倉具視を明治の功労者に押し上げ、死してなお国葬に奉られ、さらにはその肖像は五百円紙幣を飾るのだから、ま、宮中の出世魚といっていいだろう。

# 第五章　文明開化も毒殺で幕開け［明治編］

## 一　夜嵐のおきぬ、愛欲の果てに夫を毒牙にかけるのこと

明治五年（一八七二）二月二十日早朝、原田きぬ（絹とも幾奴とも書く）は、生後間もないわが子に最後の乳をふくませると、従容《しょうよう》として小伝町の獄舎から小塚原の刑場へと向かった。判決通り死刑。その後三日間の梟首《きょうしゅ》が執行されたのである。刑場に赴くにあたっておきぬはこう辞世の句をしたためた。

夜嵐にさめてあとなし花の夢

夜嵐という異名はこの辞世からついた。

おきぬの死刑執行について二月二十三日、この年に創刊したばかりの『東京日日新聞』は読者の目を引かんばかりにセンセーショナルに報じた。

「捨札の写し、東京府貫属小林金平の妾にて浅草駒形町四番地借店、原田キヌ、歳二十九、この者のぎ妾の身分にて嵐瑠鶴と密通の上、主人金平を毒殺におよぶ段不届至極に付き、浅草において梟木におこなふ者なり。みぎは当二十日おん仕置きとなり、二十二日まで三日の間同処に晒ありたり」

さらに新聞雑誌もおきぬのこのスキャンダラスな事件に飛びつき、鋭い筆致で死刑執行をレポートしている。

「猿若町の奸婦原田幾奴、俳優嵐瑠鶴と密通し、主人小林金平を毒殺せし事件、二月二十日官裁ありて、婦人は当申二十九歳小塚原に於いて梟首せられ、獄中にて出産の男児は身寄りの者へお預けに相成たり。瑠鶴は十年の間徒罪に処せられたりとぞ」

おきぬこと原田きぬは、小旗本の使用人として雇われていた父と、三浦三崎の漁師の娘であった母のあいだに天保十四年（一八四三）に生まれている。安政五年（一八五八）、十五歳のとき両親が相次いで病死したため叔父に引き取られる。母親に似て生まれついての美貌さにくわえて奔放な性格は成長するにつれて顕著になってゆき、浅草三社前の水茶屋につとめるころには一端の芸者としてあまたの旦那衆から贔屓《ひいき》にされたものだった。そのため男関係はついぞ絶えたためしがない。

そのせいか男選びはじつにシビア。愛だの恋だの憧れだのといった、そんな甘ったるい少女趣味はない。実利と名声。これがおきぬの男選びの基準だった。側室として下野《しもつけ》国烏山藩大久保佐渡守忠美に仕えたのがまずそうだった。名声でいえば、側室として烏山三万石の大名家に名をつらねることがそうであり、実利でいえば、わが子を藩主の後継者にすることで権勢を思いのままにする、ということである。

おきぬは待望の男児を出産。ことは思惑通りにすすむかにみえた。ところがその矢先、藩主の佐渡守は急死。おきぬは三百両の手切れ金を渡されるとあっさりヒマをとらされてしまった。美貌と持ち前の奔放な性格を武器に一介の芸者から大名家の側室に成り上がり、江戸藩邸の奥座敷に住みながら下女たちをはべらせ、何不自由なく暮らしていたおきぬだった。ところがお殿様が亡くなるや体よく屋敷から追い出され、おきぬの人生はたちまち暗転。

尾羽打ち枯らしたおきぬ。戻るところはやはり浅草しかなかった。とはいえ芸者にカムバックするにはもはや若くはない。しかも御一新で世の中なにもかも変化している。年増女がしゃしゃり出る幕はなくなった。

一八六八年九月八日。この日をもって明治と改元し、一世一元を制定した。そして翌年一月十三日には江戸城を東京城と改称し、皇居とすることを定める。これをもって名実ともに明治新政府が発足し、東京が日本の首都となる。これを契機に各藩主の版籍奉還が相次ぎ、土地と領民を朝廷に返還したことで二百六十余年徳川政権を支えてきた幕藩体制は崩壊した。

明治と改元されるのを待っていたかのようにヒトモノカネ情報の、あらゆる動きが一気に活発になった。明治二年（一八六九）十二月には東京・横浜間に電信が開通。明治四年（一八七一）十二月には新紙幣が発行される。明治五年九月には東京新橋と横浜間を五十三分で結ぶ鉄道が開通し、それまで一日がかりで行ったものが大幅に短縮され、人々は鉄道の出現に驚嘆した。

昨日のできごとも一日すぎればはるか昔のことのように色あせてしまう。時代はそれぐらい目まぐるしく激動していた。おきぬは、しかしそれをむしろ楽しんでいた。藩邸の奥座敷で贅沢三昧の暮らしも悪くはない。けれどその反面外出するにも供がつき、勝手に行動できない。女世界で、異性との交流も遮断されている。大名の側室とはいえ屋敷内の生活はひどく窮屈で、退屈なものであった。

屋敷を追い出されたが心はかえって解放された。そのせいか世の流行もおきぬの心にはしっくりと馴染んだ。元来派手好み。奥座敷でわが子の成長だけを楽しむような、そんなつましい暮らしなど性に合わない。商売を始める気になったのも、商売ほど世の中の動きや人々の嗜好に敏感なものはないと考えたからだ。おきぬは手切れ金でもらった三百両を元手に、浅草の仲見世で半襟屋《はんえりや》の店をはじめた。半襟とは、襦袢《じゅばん》の襟のところに掛ける一種のアクセサリー。おもに女性が使用する。ところが、もと大名の側室が店をはじめたということでたちまち評判になり、物珍しさからのぞきにくる男客もすくなくなかった。

「さすがお殿様のお手付きにあうぐれぇだ。なかなかの別嬪。おまけにどことなく気品があらぁ……」

「おぬしもそう思うか……年増には年増の色気ってぇもんがある。おきぬがそうだ。このまま半襟屋のおかみにしておくにゃ惜しいタマだぜ」

「まったくだ……」

こざっぱりとした身だしなみ。そのうえ浅草生まれの浅草育ち。町場育ち特有のきりりとした雰囲気がおきぬにはあった。しかも芸者で鳴らしただけに客扱いも手慣れ、なかなか商売上手であった。そんなおきぬを男どもが放っておくわけがない。なにかと口実をつけては言い寄る男は二人や三人ではなかった。小林金平（金兵衛ともいわれている）もその一人だった。

金平は浅草で両替や金貸しを営んでいた。カネにも抜け目ないが女性にもめっぽう手が早かった。金平は妻子がありながら、これぞと思えば自分のものにしなければ気が済まなかった。金平は融資話を口実に、おきぬに接近した。

「商売ってぇもんは生き馬の目を抜くぐらいの気性でなけりゃできません。まして御一新の世の中。もたもたしてたひにゃたちまち蹴落とされる。油断も隙もあったもんじゃない。そこえいくとおきぬさん、いゃあ、あんたはじつに気丈なお人だ。厳しさを承知で商売をやりなさる。さすがお殿様に見初められただけのことはある。私にできることがあればお手伝いするからなんなりと相談しておくれ」

まずはこのように褒め、金平はおきぬの警戒心をやわらげた。これをきっかけに金平は足繁くおきぬの店に通った。次第にものの言い方も馴れ馴れしくなってゆく。

「おきぬさん、あんたはまだ若い。おまけにお屋敷勤めが長かったせいか、わかっているようで案外世間を知らない。商売ってぇもんは一つ売ってなんぼ。やっぱりあんたにゃ商売は無理。このまま続ければ続けるほど赤字がかさむだけじゃないかい……」

金平の指摘を待つまでもなかった。所詮素人商売。物珍しさからそれなりにお客もあったがそれも最初のうち。評判がなくなるにつれて客足も遠のき、さっぱりという日もあった。商売の難しさとはこういうことか、とおきぬは改めて感じていた。だからおきぬも返す言葉がない。金平の下心は見抜いていても。

金平は金貸し屋だけに商売の裏表をよく知っている。繁盛しているような店は借金などしない。火の車だから金策に奔走する。そのような店にこそ金を貸す。貸し続けるかわりに土地財産を担保にとる。したがって担保に見合った分しか貸さない。その二の舞をおきぬには演じさせたくない、という気持ちも偽りではない。けれど一方では窮状を巧みに利用しておきぬの懐に食い込むという魂胆もなくはなかった。金平はどこまでも狡猾だった。金平のそうした下心はとうに見抜いていた。にもかかわらず金平の出入りを許していたのはおきぬにも打算があった。打算とは、つまり名声と実利だ。

「ダンナがおっしゃるのもごもっとも。客商売は殿御がやるもの。やっぱり女にゃ無理ですわねぇ……自分がやってみてしみじみとわかりましたわ」

この言葉におきぬのもろさを見て取った金平はすかさず二の矢を放った。

「どうだいおきぬさん、この商売私にあずける気はないかね。もちろんそうしてくれりゃそれなりの礼はたっぷりとさせてもらうつもりだよ」

金平は、握ったおきぬの手に力を込めた。おきぬはそれを拒否しなかった。相手は金貸し。カネの苦労から解放され、そのうえ気ままな暮らしが手に入るなら囲われものになるのもわるくなかった。おきぬが半襟屋をたたみ、そのまま金平の妾におさまったのはこの後間もなくだった。

おきぬは仲見世から浅草待乳山《まつちやま》の妾宅に引っ越した。それまでは浅草寺の正面にいたが今度は真裏になってしまった。おきぬは早くも憂鬱な気分になっていた。しかも妾暮らしほど退屈なものもない。あくせく働く必要がないかわり自由勝手に出歩くわけにはいかない。そこが囲われ者のつらいところだった。

金平もおきぬが自分のものになったという安心感から毎日妾宅に通うということもなかった。けれど会えばそのぶんおきぬとの交情は濃密だった。商売も抜け目ないが、そっちのほうもまた達者だった。金平の執拗な指技に、男日照りがつづいていたおきぬの、白い肢体はいく度もさざなみ立ち、あふれる余韻でいつも最後は菩薩の表情でこと終える。

けれど妾暮らしも三年四年と続けばマンネリになる。しかも金平との交情もいささか倦怠感が出てきた。芝居見物、役者買いをすることでおきぬは無聊《ぶりょう》を慰めていた。とりわけおきぬが贔屓《ひいき》にしたのは関西歌舞伎界の花形役者といわれた嵐瑠鶴だった。

浅草には市村座、中村座、森田座の芝居小屋があった。これらが一カ所に集められたのは老中水野忠邦が断行した天保の改革によるもの。それまで三座は江戸市中に分散していた。だが水野は江戸市民の風俗を取り締まるため三座を浅草猿若町に強制移転させた。以来この三座を猿若三座と称するようになる。そのため浅草界隈には有名無名の役者たちが住み着いた。嵐瑠鶴もその一人だった。

歌舞伎はいわゆる悪所であった。それは歌舞伎の本質は男色であったからだ。歌舞伎と対をなすのが遊郭だ。遊郭も悪所といわれ、こちらは女色の美学に縁取られている。江戸の女たちは歌舞伎に熱中し、贔屓の役者に入り揚げる。片や男たちは遊郭に入り浸り、贔屓の太夫にせっせと貢ぐ。おきぬの悪所通いは日増しに激しくなってゆく。その証拠に、瑠鶴との逢瀬をかさね、次第にのめり込んでいったことだ。おきぬは瑠鶴と離れた暮らしなど想像できなくなっていた。それは同時に金平の存在がいよいよ煩わしくなることでもある。

「金平がいるかぎりこの人とは所帯が持てない。金平さえいなければ……」

おきぬの心にはある恐ろしいたくらみがふつふつと湧き上がっていた。毒殺である。じつはおきぬは身ごもっていたのだ。そのこともおきぬに瑠鶴との生活を急がせた。

「一気に殺してはすぐバレる。病気にしてじわじわと殺せばいい……」

砒素（岩見銀山）を茶や飯に混ぜ、金平を衰弱死させるという考えにおきぬは行き着いた。案の定金平は日毎に体力が減退し、げっそりとやせ細って足腰が立たないまでに衰えた。砒素は金属性の毒物。かつてネズミ捕りの薬として使われたり梅毒の特効薬として用いられた。無味無臭。しかも高温に溶けやすいことから扱いが容易。

一九九八年七月に和歌山市で発生し、四人が死亡したいわゆる毒入りカレー事件で和歌山地裁は二〇〇二年十二月、林真須美被告に死刑を言い渡した。その判決理由で小川育央裁判長は、林被告がカレー鍋に砒素を混入したと認定していた。

小林金平は明治四年（一八七二）死去。おきぬの思惑通りにことは運んだ。しかも幸い毒殺などと知る者もいない。邪魔物は葬った。おきぬは念願通り嵐瑠鶴の女房におさまった。瑠鶴の人気は今や飛ぶ鳥を落とすほど。そうした役者の女房になったおきぬ。ここでも思い通り名声と実利を手に入れた。

しかしおきぬの有頂天もここまで。口さがない江戸っ子は

「金平は毒を盛られたんじゃないか……」

「どうやら金平は岩見銀山をくらわされたらしい……」

などと噂した。金平を知る者には、急速に衰えていったのが不自然に思えたのだ。じつは警察当局も密かに内偵していた。金平の衰弱死。その直後の瑠鶴との新所帯。これに不信感を抱いたのだ。出頭を命じられ、厳しい取り調べの前におきぬが金平毒殺を自白したのはそれから間もなくであった。

おきぬには斬首刑がいい渡された。けれど妊娠中であったことから執行は出産から百日間の猶予が与えられた。しかしこの間おきぬはいかなる思いで執行の時を待ったか。おきぬは小伝馬町の獄舎で

男児を出産。子供は日一日と成長し、顔立ちも瑠鶴に似てゆく。けれど子供の成長は同時に自分の命の終焉でもあった。このときほど自分が女であることを恨めしく思ったときもなかったにちがいない。

出産から百日目。明治五年（一八七二）二月二十日、原田きぬは最後の乳をわが子にふくませると小塚原の刑場へと向かった。一方瑠鶴もただではすまなかった。おきぬとともに逮捕され、二年半の実刑判決を受けた。刑期満了で明治八年八月に出所。これを機に嵐瑠鶴から市川権十郎に改名し、ふたたび舞台に立つ。そのときの心境を彼はこのように詠むのだった。

罪は皆な　みそぎぞ果たし隅田川　きよきながれを汲みぞ嬉しき

おきぬは斬首刑。瑠鶴は懲役二年半。しかも刑期満了と同時に舞台にカムバック。なにやら釈然としない。それは量刑だけではない。彼の舞台復帰をすんなりと許す時代風潮、人々の意識にだ。時代は明治に変わったとはいえ女性に厳しく男性に寛容といった男尊女卑の意識構造まではそうたやすく変わらなかった。ちなみに残酷な梟首の廃止も、おきぬの死刑から七年後、明治十二年（一八七九）四月一日まで待たなければならなかった。

## 二　植木枝盛政敵に毒殺されるのこと

植木枝盛《えもり》は腸チフスが悪化し、東京病院で病死した。明治二十五年（一八九二）一月二十三日、三十六歳という若さであった。

だが彼の死には疑問がつきまとった。そのため毒殺説が流れた。つまり政敵による毒殺ではないかというものだ。それというのは、病をおしてなお彼は二月十五日に行われようとしている第二回総選挙の出馬準備に余念がなく、意気軒昂なところをみせていたからだ。第二回総選挙は、明治二十四年十二月の第二回帝国議会で、松方正義首相がすすめる軍艦建造など海軍の軍備拡大政策に対して「民力休養・政費削減」をかかげる民党がこれを阻止したため松方首相は我が国初の衆議院解散に打って出たものによる。

植木枝盛は自由党から出馬をすすめていた。彼は土佐藩の中級藩士の子として安政四年（一八五七）一月二十日、現在の高知市内で生まれた。藩校の致道館などで学んだ彼が政治的、思想的なものに関心を強めたのは板垣退助の演説を聴講したのが契機だった。

板垣退助は、岩倉具視、大久保利通らの国内治世派によって征韓論が排除されたのを機に国政から身を引き、江藤新平らとともに愛国公党を結成。自由民権運動の狼煙を上げた。明治七年一月だ。

板垣はさらにこの翌二月、「民選議院設立ノ建白」を左院（大政官の構成機関）に提出する。その建白書の趣旨は、政府の専制政治を批判するとともに、納税者の国政参与に道を開き、官民の一体化をはかることで国家および政府の強化をはかる、というもの。

板垣は同年四月高知県に帰郷して自由民権を柱に遊説。林有造、片岡健吉らと立志社を設立する。植木が聴いた演説とはこの時のことだが、彼は板垣の側近となって自由民権運動、欧米の近代思想など政治思想に傾倒し、一八七六年には『郵便報知新聞』に「猿人（ひとをさるにさせる）政治」という論文を発表。その過激さから官憲に二カ月間拘束された。しかし彼の民権論はいささかもゆるがなかった。むしろ逆でさえあった。出所後、『湖海新聞』に「自由は鮮血を以て買はざる可らざる論」を執筆。明治十四年、板垣退助、河野広中、大井憲太郎らが大同団結して国会期成同盟を立ち上げると植木もこれに参加した。そして八月には「日本国憲法草案」を起稿する。その憲法とは立憲君主制の下での主権在民をうたい、一院制議院、国民の抵抗権などを盛り込んだ、現在の憲法に近いきわめて民主的な憲法だった。

国会期成同盟はその後自由党に改称。植木はそのまま自由党に移籍。明治二十三年七月一日の第一回衆議院総選挙に高知三区から立候補し、みごと当選をはたす。けれどこの議会は長くは続かず、松方首相は冒頭で述べた理由で議会を解散、総選挙に打って出た。

植木は自由民権論をかかげ、遊説、党務、国政——まさに八面六臂《はちめんろっぴ》の忙しさで激務をこなした。この間には執筆にも取り組み、「民権自由論」「無上政法論」「天賦人権弁」「一局議院論」などなどの著作や論説文を矢継ぎ早に発表。まさにマルチぶりを発揮していた。

しかしそれがかえっていけなかった。しだいに体調を悪化させ、入院という事態に彼は追い込まれた。だが史党（政府系政党・与党）にとって植木の入院はまことに好都合。とりわけ品川弥二郎ら政府閣僚のよろこびようはなかったろう。

自由党を不倶戴天《ふぐたいてん》の仇敵とみなす品川内務大臣は警官や憲兵、あるいは無頼漢などを使って暗殺、放火、脅迫など自由党の候補者に対する選挙妨害を公然とおこなっていた。その手口もじつに荒っぽい。どれほどひどいかは明治二十五年一月二十六日の『東京日日新聞』をみればその一端がのぞける。

高知県須崎町で演説を行っていた竹中正名なる人物に向かってこぶし大の石を投げるものがいた。それを鎮めるため場内の警官隊が一斉に立ち上がった。それをきっかけに暴漢、警官隊、聴衆が乱闘をはじめ、会場はたちまち騒然となった。このドサクサにまぎれて竹中は演壇から引きずりおろされて揉み合いとなり、その最中に何物かによって腹部を刺され、殺害された。警察はただちに捜査に乗り出したものの容疑者はついに検挙できなかった、と新聞は伝えている。

おそらくこの暴動は警察と暴漢が結託して仕組んだものにちがいない。さらに彼らの背後には品川ら政府関係者の示唆があったこと、想像に難くない。警察や暴漢の判断だけでやれるものではないからだ。

ともあれ自由党に対するテロ事件は高知県、石川県、福井県、山口県、佐賀県など自由党の勢力が強い地域でとくに頻発していた。植木枝盛は今回も自由党から出馬。しかも彼の選挙地盤は高知県であった。それだけに相手陣営からは狙われやすいところにいた。

品川弥二郎らの公然たる選挙干渉にもかかわらず植木は出馬を表明し、その準備を着々とすすめていた。むろん彼自身、じっさい選挙で街頭に立つようになれば生命の危機も予想できた。それでなくても民権運動で高知県内を遊説中、陸軍を批判する演説を行ったところ、それを聴いていた陸軍の将校十数名が彼の宿泊先に押しかけ、談判に及んだ、あるいは高知県当局から演説禁止の達しが突き付けられるなどさまざまな妨害、干渉、嫌がらせなど体験済み。高知県の選挙事情は熟知していたからだ。

しかし敵は正面から攻めてくるとばかりはかぎらない。あの手この手と奸計を弄し、むしろ不意を突いてくる。植木枝盛の死はまさしくそのようなものであった。東京病院に入院中の彼のもとには各界各層の見舞い客がおとずれ見舞いの品々も届いたにちがいない。したがってなかには覚えのないものもいただろう。けれど選挙に立つ矢先であり、有権者である彼らの見舞いをむげには断れない。後になって考えればこれが命取りになってしまった。

一般に植木枝盛の死は病死と伝えられている。しかしそれと並行して毒殺説も消えていない。ある者が見舞い客を装って病室に入り、そこで一服盛ったのではないか、というのである。大いに有り得るはなしだ。

## 三　相馬藩の遺産相続をめぐって旧藩主毒殺されるのこと

錦織剛清《にしきごりたけきよ》は相馬誠胤《まさたね》から相馬家総代理人の委任状を渡されているのを盾に、相馬家の財産乗っ取りを画策する誠胤の異母弟順胤《よりたね》、前家令志賀直道らを相手取り、財産差し押さえの訴訟を東京地裁に起こした。そのため誠胤は原告側の証人として裁判所に出廷が命ぜられた。ところがその直前になって誠胤は急死する。明治二十五年（一八九二）二月二十二日、四十歳であった。

相馬誠胤は精神病の疑いがあったので東京府立癲狂院（現在都立松沢病院）に入院させられるようなことはあったものの、身体はすこぶる健康。急死する要因はまったくなかった。それだけに人々は誠胤の死に不信感をつのらせ、こうささやくのであった。

「相馬公が出廷すればなにもかもバレてしまう。だから口封じに毒殺されたんじゃないか……」

これを好機とみた錦織は世評を味方につけ、相馬家現当主の順胤、その母親西田リウ、志賀直道、青田綱三、石川栄昌ら八名を謀殺の疑いで東京地裁に告発した。

相馬家の財産乗っ取りをたくらむ順胤らの陰謀を法廷の場で今こそあばいてみせるというのだ。しかし順胤側も負けてはいない。逆に誣告《ぶこく》罪で錦織を告訴する。かくして相馬家の遺産相続および誠胤の不可解な死をめぐって錦織と順胤ら、さらには自由党の星亨《ほしとおる》などを巻き込んでの泥仕合が演じられるのであった。

錦織の告発を受けた当局はついに相馬家の家宅捜査に踏み切った。誠胤の死からじつに一年半も経過した明治二十六年八月であった。この家宅捜査の模様を当時の『郵便報知新聞』はこのように伝えている。

「霹靂一声、家宅捜索、被告拘留の沙汰ありてより、さなきだに注意せし世人の眼眸は一斉に相馬の伏魔殿に向かって集まれり。誰か是か、誰か非か。いずれか曲か、いずれか直か。余輩は未だその事に向かっていかんとも判断を下すあたわず。ただそれぞれ暴露し来る事実は、原被双方の関係人より聞き得たる事情を詳報して、遺す所なからんとす。一昨夜、相馬家の家宅捜索を終わりし頃は、ほとんど十二時三十分なりしが、岡田予審判事は、謀殺被告人なる青田綱三、石川栄昌、遠藤吉方、西山リウの四氏に対し、令状を執行して警視庁に拘引し、同庁留置場に拘置したり。一昨日午後七時頃より相馬邸に於ける警戒はいよいよ厳重となり、麹町警察署よりは巡査八名を増派せり。また憲兵は時々同邸の内外を巡視し、また玄関の左右には二本の高張提灯を点じ、非常を戒めたり。点灯前頃より旧藩士、運動事務所の委員を始め、在京の藩士数十名は同家の名誉を気遣うて邸外、門側に集まり、壮士体の者も不断邸前を徘徊し、やじ馬連の見物は人の山を築き、午後八時頃には邸前の道路は通行止めになるほどになりき。上京の旧藩臣等はこの光景を見兼ね、事務所の委員室原氏をして見物人の追い払いを警戒巡査に請求せしも、職権を以て追い払うべきにあらずとて却けられ、さらば藩臣の我々に追い払いの命令を与えられよと迫りしも、また肯ぜられず、兎や角のため一時はなかなかの騒動なりし」

家宅捜索そのものより見物人や巡査あるいは相馬家の関係者らのやりとりに記事の大半をついやしている。しかし捜索のもののしさは読むものに臨場感をもって伝わる。

青田ら四名が拘留された翌十二日、今度は志賀直道の身柄が拘束された。直道は作家の志賀直哉の祖父。相馬家と同じ日に家宅捜索を受け、直道は警視庁で事情聴取され、そのまま拘留とあいなった。

拘留された八名に対する検事のきびしい取り調べが始まった。また法廷では被告側の証人として福沢諭吉、浅野長勲《ながこと》、北条氏恭といった言論界や華族が弁護を展開。公判は混沌としていた。

しかし考えてみればひどい話だ。順胤らが謀殺したという確たる証拠はない。憶測ないし私憤から発した錦織の告訴と、相馬誠胤の非業の死を哀れみ、同情する人々の声と、それを煽るマスメディアの論調。これらをよりどころに検察は身柄を拘束し、留置までしている。いまなら人権問題にもかかわり、とうてい看過できるものではない。

ともあれ、取り調べは難航したらしい。もともと証拠がないところにもってきて、星亨の背信行為が発覚し、問題の焦点がそちらにそれてしまったためだ。自由党の副党首であり弁護人であった星亨は錦織から相馬事件の経緯について説明を受けた。ところがこの数日後星亨は、相馬家の弁護を引き受けると同時に錦織を誣告罪で逆に告訴することを助言するのだった。

あたかも味方であるかのように装って錦織に接近し、機密をさぐるやそれをみやげに今度は相馬家に擦り寄って弁護を買って出る。錦織に対する、これは裏切りであり弁護人として許されざる、まことに由々しき行為。そのため東京弁護士会は星に対して解任を要求する。このようなこともあって事態は二転三転し、真相究明は遅々としてすすまなかった。このいつ決着するともしれない裁判の行方にやきもきしつつも、人々の関心は不可解な相馬事件にほとんど釘付けだった。

事態の進展がないまま時間だけが無為にすぎていく。そこで判事らは鳩首《きゅうしゅ》会談を開き、手詰まり状態を打開するにはもはやこれ以外に方法はないという結論に達し、ある決断を下すのだった。その決断とはなにかといえば、埋葬された相馬誠胤の遺体を発掘して死因を調べるというものだ。

これで相馬事件はいよいよクライマックスにさしかかった。人々の関心はますます盛り上がった。毒殺か、はたまた病死か——。

誠胤は、相馬中村藩（福島県）六万石の領主相馬充胤《みつたね》の嫡男として嘉永五年（一八五二）に生まれ、十四歳で相馬家の家督を受け継ぐ。とはいえまだ幼少の誠胤に領主としての技量はなく、荷が重すぎた。まして時代は幕末期。尊王か攘夷かで世情は騒然として定まるところがなかった。誠胤の精神障害はこのころに受けた心の傷がトラウマとなったことに由来する。

明治四年七月の廃藩置県で中村藩は消滅。誠胤はそのまま東京の屋敷に留め置かれた。だが妻の京子の死とも相俟って誠胤の精神障害は放置できないほど悪化していった。そのため相馬家の家令（家の会計や家事全般を管理するもの）である志賀直道や親族の織田信敏らは邸内の座敷牢に誠胤を監禁することをはかった。座敷牢は八畳間ほどだったが、七センチ間隔の鉄格子で囲まれており、まさに檻というべきものであった。

こうしたお家騒動は錦織剛清の耳にも伝わった。錦織の父親は相馬藩に仕える足軽。主人を監禁から解くよう相馬家に訴えるとともに誠胤の監禁はお家の安泰に名を借りた家令らによる相馬家乗っ取りの陰謀にほかならないとして、東京地裁に告発する。

相馬家は足尾銅山の大株主であったことで莫大な利権を握っていた。家令の志賀直道らはこの利権ほしさに誠胤抹殺をはかった、と錦織はいうのだ。はたせるかなこの主張が功を奏し、監禁から四年後の明治十六年十二月、誠胤は座敷牢からようやく解放された。錦織はたちまち話題の人となった。主人を思うその忠義心。これぞまさしく武士道——世評は高まるばかりだった。

一方誠胤は、座敷牢から解放されたもののそれもつかの間。今度は瘋癲病院に入院させられる。そこで錦織はまたも裁判に訴え、ドイツ人医師や大学病院の医師に診察を依頼する。その結果、精神障害は回復の方向にあるとして入院は必要ないと診断された。それにもかかわらず志賀たちはみたび誠胤抹殺をはかろうとする。世間のうわさが沈静化するのを見計らい、府立癲狂院に入院させるのであった。あくまでも精神病扱いにすることで誠胤を亡きものにしようとする志賀たちのたくらみはやむことがなかった。

かくなるうえは強硬手段を取らざるを得ない。そこで錦織は一計を案じた。誠胤の身柄を病院から救出するというものであった。病院関係者を懐柔し、誠胤を箱馬車に乗せると箱根峠を越えて熱海、静岡と逃走した。この間には誠胤から相馬家の総代理人として委任状を取り付ける。そしてやがて錦織はこの委任状を盾に志賀たちのくわだてを暴露する。

相馬誠胤は現在の青山墓地に眠る。「慎徳院殿恭山智謙大居士」。これが彼の戒名。その誠胤の遺体発掘は明治二十六年九月八日午前七時、三十数名の警官、二十数名の憲兵が厳重に警戒するなか判事、検事、軍医などによって着手した。発掘の様子を九月十四日付けの『郵便報知新聞』はこう書いている。

「――午後四時に至りて全て発掘を終え、棺蓋を開く。憲兵、巡査を遠ざけ、総立ち会いにて棺の蓋を開ければ、故誠胤氏は宛然眠るがごとく、ただ顔色蒼然たるを見るのみなりしと言う――」

死去からすでに一年半も経っている。したがって遺体は腐乱し、原形を留めているとは思えないのだが……。

ともあれ軍医は胃袋、心臓などの部位を採取し、茶封筒大のガラス瓶と箱におさめ、ふたたび棺蓋が閉じられたという。検事局の発表によると、地上から棺にいたるまでの深さは一丈四寸（約三メートル）あり、石板数枚をもって蓋にしているとのことだ。

死んでなお自分の遺体があばかれるなど想像もしなかったろう。誠胤にとってこれほど屈辱的なこともない。ま、それはそれとして、ならば解剖の結果はどうなったか。人々の関心はそこに集まった。浅草の興行師などは早くもこの相馬事件に材をとった生人形を公演するといった抜け目のなさだ。

遺体発掘からほぼ一カ月後、東京地裁は最終判断を示した。毒殺の証拠はない――と。

かくして錦織剛清の敗訴。誣告罪で逮捕。禁固四年の実刑判決に処せられる。明治二十七年五月三日であった。

# あとがき

暗殺などの手段として毒殺ほど巧妙なものはない。銃器や刀剣による暗殺は即効性はある反面さまざまな証拠や痕跡がのこる。したがって犯行の露見が早まる。

その点毒殺は、即効性は低いかわりに時間をかけてじわじわと肉体の機能を蝕むため犯行の痕跡もほとんどのこらず、しかも確実に死にいたらしめる。そのため古今東西ひとはよくこれを用いた。

暗殺、テロル、クーデターがしばしば歴史のターニングポイントとなり、その後の歴史を決定づける要因になった。そのような事件の背後には、そしてかならずといってよいほど毒薬が登場する。長屋王の死、足利直義の死、徳川家茂の死――などがまさにそうである。したがって歴史を塗り替えた主役はむしろ毒薬であるとさえいってよい。

なお本書は明治以降の毒殺事件はわずかしか触れなかった。なぜそうしたか。理由はふたつある。

まずひとつは、明治期を境にして毒殺の意味合いが大きく変化したことだ。明治期までは、将軍や藩主の後継問題あるいは天下取りの野望といったように、もっぱら権力闘争に用いられ、それなりの政治的思想的動機があった。ところが明治期以降そのような意味合いが次第に薄れ、怨恨、愛憎、企業・経済犯罪、愉快犯と用い方が変化してきた。

ふたつめは、事件に対する当方の想像力が許されるのは明治期まで、というものだ。この時期までは毒殺そのものが事実かどうか確証がほとんどない。ましてきっちりとした捜査も検分もなされていない。それだけにさまざまな憶測や想像が飛び交うわけだが、明治期以降になると毒薬もより化学的になり、使い方も専門的になる。それにともない捜査も科学的、合理的になってゆく。したがって想像力を差し挟む余地はない。

ともあれ、事件こそ歴史を動かす原動力。そしてその事件を背後から支配しているのが鴆毒やトリカブト、砒素、水銀といった毒薬である。してみれば、日本史は毒薬によってつくられたといっていいかも知れない。そのような視点から本書をまとめてみた。

二〇〇五年七月

岡村　青

岡村青（おかむらあお）
一九四九年茨城県生まれ。現在、ノンフィクション・ライター。
著書に『脳性マヒ者と生きる』（三一書房）、『十九歳・テロルの季節』（現代書館）、『血盟団事件』（三一書房）、『森田必勝・楯の会事件への軌跡』（現代書館）がある。
現住所　茨城県新治郡八郷町小幡三二一四六－三

「毒殺」で読む日本史

二〇〇五年九月一日　第一版第一刷発行

著　者　岡村　青
発行者　菊地泰博
発行所　株式会社　現代書館
東京都千代田区飯田橋三－二－五
郵便番号　102-0072
電　話　03（3221）1321
FAX　03（3262）5906
振　替　00120-3-83725
組　版　コムツー
印刷所　平河工業社（本文）
東光印刷所（カバー）
製本所　黒田製本所

校正協力・東京出版サービスセンター
 ISBN4-7684-6909-4
定価はカバーに表示してあります。乱丁、落丁本はおとりかえいたします。
http://www.gendaishokan.co.jp/